JN112069

沼津・三島・富士
カフェ時間
こだわりのお店案内

ふじのくに倶楽部 著

Mates-Publishing

沼津・三島・富士 カフェ時間
こだわりのお店案内

CONTENTS

002	目次
003	ページの見方

古民家カフェ

006	古民家カフェ あまね
010	space Wazo
012	古民家カフェ haru.
014	ちゃ茶Cha
016	古民家 はさまカフェ
018	ゲストハウス＋カフェ わ
020	カフェ1518

おすすめカフェ

022	ritorno
026	Little Farm -makado cafe-
028	YUHOBI Cafe
030	佐野菓子店
032	GARDEN CROSS CAFE
034	Cafe らーらぷろなーど
036	薬膳喫茶 gekiyaku
038	STERNE COFFEE LABORATORY
040	cafe156
042	野らりくらり
044	カフェtrois
046	Cafe&Bar NikenMe from Corner
048	トロニカ珈琲焙煎所
050	高嶺の森の喫茶室
052	WEDNESDAY COFFEE STAND&ROASTER
054	SOUND TRACK COFFEE
056	waltz.
058	nog cafe
060	The Old Bus
062	お菓子と珈琲 赤池商店
064	チャトラコーヒー
066	Cafe&Gellery 珈舎
068	Konzert
070	茶釜cafe169
072	雲上かき氷／UNJYO COFFEE
074	CAFE NAMAKEMONO
076	Choud Lamer
078	cafe musica
080	LUMBER
082	Onigiri Daruma
084	FLEURAI4
086	NewStand+
088	pikiniki
090	coffee tendre
092	山下珈琲
094	和栗菓子kiito -生糸-
096	cafe 古時計
098	至福のフルーツパフェ物語
100	カフェサンク
102	Roku cafe
104	佐野製茶所サロン
106	rivière
108	こびとの舎
110	雪ノ下 近藤正文と薫
112	CHAKI CHAKI
114	アリクイショクドウ
116	cafe tocco
118	海のステージ

立ち寄りたいベーカリー

120	Boulangerie Ca depend
121	ikor e-Bake
122	茅沼ベーカリー
123	27LAYERS
124	御殿場ベーカリー Biquette
125	Grandir
126	全体MAP

ページの見方
How to use

エリア・店名
取材にご協力いただいたお店の正式名称と、おおまかなエリアを表示しています。

本文
実際にお店で取材した内容を記載しています。季節によって内容が変わる場合があります。

手仕事の味と温もりに癒される"ゆほびか"空間

`富士市`

YUHOBI Cafe
ユホビカフェ

ゆったりとした場所を意味する古語「ゆはびかなり」を引用した店名のとおり、天井が高く開放的、倉庫を改装した建物で、彩り豊かなケーキのならぶショーケース、富士山が見える窓、オープンキッチン、クラフト展示スペースをワンフロアに、木の温もりと手仕事に包まれた明るい雰囲気が心地いい。東京やフランスで修行を積んだパティシエの古川大樹さん、クラフト作家でもある奥さんの舞子さんとで営んでいる。

住んでいる土地の素材がいちばんと、なるべく地元の食材で、ランチには野菜中心のデリプレートや酒粕ヨーグル豚を使用したハンバーグなどをラインナップ。軽やかな食感のベイクドチーズケーキやモンブランまで、オリジナリティが光るケーキも見逃せない。看板商品のシューサレにも使用しているシュー生地で2層のクリームを挟んだシュークリームも絶品。ゆほびかなりの空間で心も体も喜ぶ味わいを堪能しよう。

舞子さんはクラフト作家としての独自のブランド「imane pocket」としても活動。その作品を、展が仕わる店頭や作品展が開催されている

1. 富士高原連用牛を使用した自家製ハムの桁カムニエル、日替わりのデリモンの一品を盛り込んで味わう「シューサレ・デリプレート」1,100円。スープ付 2. 素直をほんのり効かせたマロンクリームは、くびがなな押よい付き。「モンブラン」750円。フレンチプレスのストレートコーヒー（700円）とご一緒に 3. 舞子さんが手作りする「レース・ドローイングアート」の作品

YUHOBI Cafe
富士市大渕3440-11
☎0545-77-8252
営11:00-18:00（17:30L.O.）、ランチ14:30
休水・木曜
臨18台
URL https://yuhobi.com
【テイクアウト】あり
【クレジットカード】可
【席数】テーブル40席
【備考】全席禁煙
【アクセス】新東名高速新富士ICより車で5分

Take out

おすすめテイクアウトメニュー

● シュークリーム
リキュールを活かしたサクサクのシュー生地には、どよい甘さのクリームがたっぷり。上品で洗練されているながらどこか懐かしい味わい。350円

ショップDATA
住所、電話番号、定休日、駐車場、URLなどを記載しています。お店の詳しい情報として、クレジットカードが使えるかなどがここでわかります。

写真
実際にお店に行き、撮りおろした写真です。写真についている番号とリンクさせて内容を説明しています。

Take-out Menu
おすすめのテイクアウトメニューを記載しています。テイクアウトメニューがない場合にはメニュー一覧を載せています。金額は基本的に税込みです。料理名の記載は基本的にお店での書き方に合わせています。

アクセスMAP
お店へ行くまでの簡略化した地図を入れています。

本書に掲載してある情報は、すべて2023年11月現在のものです。
お店の移転、休業、またメニューや料金、営業時間、定休日など情報に変更がある場合もありますので、
事前にお店へご確認してからお出かけください。

沼津・三島・富士
カフェ時間

こだわりのお店案内

カフェでコーヒーを飲むのは、案外、特別な時間。

1人のんびり一息つくのも、友達とお喋りを楽しむのも、

半分日常であり、半分は日常を忘れるためでもあり。

静岡県の東部エリアで見つけた

すてきなカフェとパン屋さんを紹介します。

伊豆市

古民家カフェ あまね

こみんかカフェあまね

苔むした庭を眺められる縁側
の特等席。寒い時期は、座
敷席も含めてこたつになる

006

子連れも歓迎。
素朴な膳と甘味で癒しのひとときを

手づくり水餅を黒
蜜と国産きな粉で。
「水信玄」650円。
ぷるんぷるんの食
感がたまらない

「鮎塩焼き×鮎飯定食」1,900円。ごはんは200円引きで白飯になるほか、鮎の塩焼き単品もオーダーできる

　修善寺温泉街の一角に残る古民家を活かして営んでいる和カフェ。庭のイチョウやカエデなどの枝葉から木漏れ日が差し込む空間に、店主の谷口さん夫婦がDIYで手がけた家具もなじんでいて心地いい。カフェ開店は、2人目の子が産まれた際、子どもと一緒に何かを始めたいと思ったことがきっかけだったそう。そのため子連れでも気兼ねなく過ごせるようにと、小粋なキッズスペース、駄菓子屋売り場まで設けている。

　そんなあたたかい店内で味わえるのは、鮎の塩焼きや干物定食といった和の味覚が中心。修善寺名物の黒米とそば粉、小麦粉を合わせた自家製麺のそば、伊豆のわさびを使ったおむすびまで、自家でまかなえるものは自分たちで、そうでないものは地元食材を活かしながら、手づくりで提供している。黒蜜で味わう水信玄や白玉などの和スイーツも人気。町の風情を感じながら、時間も忘れてのんびり過ごしたい。

右手、和傘のある押入れの
ようなスペースは小さな子ど
も向け。左手奥では谷口さ
ん製作のキャンドルやプラ
ントハンガーを展示販売

古民家カフェ あまね

伊豆市修善寺3461-10
📞0558-99-9673
✉12:00〜16:00
休月・火曜
Pなし
🏠https://www.instagram.com/
cafe_amane/?hl=ja

【テイクアウト】あり
【クレジットカード】不可
【席数】テーブル14席、カウンター2席
【煙草】全席禁煙
【アクセス】修善寺温泉バス停より徒歩8分

Take out Menu

テイクアウトメニュー

おむすび(鮎飯・山葵)

塩漬けした伊豆名産のわさびの葉
で包み、辛さがなく香り豊かなお
むすびと、鮎飯を包んだ味わい
深いおむすび。各700円

space Wazo
スペース ワゾー

温故知新を知る、大人のためのカフェ

築百年を超える古民家をリノベーションした味わい深い空間で、ひとときを過ごせる。建具やアンティークの調度品は、住居として使われていたときからあるものをそのまま使用。年月を経て深い色味と艶をまとった柱や千本格子の建具が美しい。Wazoという名前は、この家の先代である菊次郎が取り扱っていた銘茶・和造に由来する。

2016年に貸しギャラリーとしてスタートし、現在も個展や展示会、ワークショップなどに利用されている。2019年から始めたカフェでは、コーヒーやスイーツを作家ものの器で提供する。見た目にも美しく、美味しさもひとしおだ。

趣きある空間で美しいものに囲まれ過ごす時間を楽しみに、老若男女問わず、多くの人が訪れる。どっしりとしたその佇まいに自ずと心が落ち着き、ゆったりと過ごせる。

1_「オリジナルブレンド」520円は
ガラスポットで提供。コーヒーのお
供に、アーモンドクランブルが添え
られる 2_「Wazoプリン（バケッ
ト付き）400円。昔ながらのしっか
りとした質感のプリンはほろ苦いカ
ラメルが大人の味。カラメルに浸し
たバケットがたまらず、2つの美味
しさを味わえるひと品。プリン以外
のケーキは週替わり 3_個室のよう
になっているスペースのほかテラス
席も。テラス席はワンちゃん連れも
OK 4_大広間をギャラリーとして貸
し出している。アートの展示のほか、
手仕事や食にまつわるものなど、さ
まざまな企画展が催される

space Wazo

富士宮市野中855-1
☎0544-27-7160
✉11:00～17:00（LO16:30）、
7/1～9/30は11:00～16:00（LO15:30）
困日・月・火曜
（ギャラリーでの展示開催中は要確認）
Ⓟ10台
🆔http://spacewazo.com/

【テイクアウト】あり
【クレジットカード】不可
【席数】テーブル18席、テラス席5席
【煙草】全席禁煙
【アクセス】JR身延線富士宮駅より
徒歩約18分、東名高速道路富士川
スマートICより車で約14分

Take out Menu
テイクアウトメニュー

ドリンクとケーキ

コーヒーや紅茶、自家製レモンスカッ
シュなど店内で提供するドリンク400
円～と、プリンを除く今日のケーキ
380円～はテイクアウトできる

古民家カフェ haru.

こみんかかふぇ　はる

築80年古民家の手作りフードでほんわかくつろぐ

欄間などの造りは古民家そのままに、仕切りを取り払いフローリングにしてモダンになったメインエリアはゆったり空間

熱海の街の喧騒を離れた住宅地。静かに存在する木造りの門が印象的なこちらは、築80年の古民家を引き継いだオーナーが建物を活用したいと、カフェにリノベーション。内装は、スタッフ総出でDIYしたこだわり仕上げだそう。玄関で靴を脱いで上がると、懐かしさが残りつつも現代的なセンスで、ぬくもりのあるとても居心地がよい店内だ。手作りにこだわるのはフードも同じく。地元産の旬の野菜や国産肉を使用し、出汁類は自家製、ハンバーガーのバンズもお店で焼くなど徹底している。メニューはお客さんの要望を取り入れ、定期的に変えているためいつ来ても楽しめる。この家で育ったオーナーの亡きお母様は、人が集まることが好きだったという。それが店名の由縁となり、その通りにお客さんが絶え間なくやってきてくつろいでいる。このほんわか感は、なんだか親戚の家のよう。つい長居したくなる。

1

1_古民家に似合う、昭和感あふれる固めの大人プリン580円はラム酒とシナモンの風味（ラム酒なしも可能）。器もレトロでかわいい　2_店長が淹れるコーヒーにもこだわりが。札幌の石田珈琲で作られるオリジナルブレンドの他に、季節限定品やアレンジコーヒーも　3_オリジナルスパイスで作る本日のカレー（ランチはサラダ・ドリンク付き）1,780円、庭の梅を使った自家製シロップの梅ソーダ

古民家カフェ　haru.

熱海市桜木町11-3
℡0557-35-9095
◷11:00〜20:00
休火曜　P6台
HPhttps://cafe-haru.com/

【テイクアウト】あり
【クレジットカード】可
【席数】テーブル26席、テラス6席
【煙草】全席禁煙
【アクセス】熱海駅から車で7分
小嵐バス停徒歩3分
【備考】お一人様ごとにワンドリンクオーダー制

Take out Menu

テイクアウトメニュー

熱海コーラ　1,870円

オリジナルレシピで作られているクラフトコーラは、熱海の柑橘を使った爽やかな味。自宅で好きな濃さに調節していただける

ちゃ茶cha

チャチャチャ

レトロな石蔵でゆっくりと食事と時間を楽しむ

昔の造りを活かしながら調えられた、
温かみのあるダイニング的な1階

014

住宅地の路地を入った細い道沿いにある、伊豆石で造られた蔵。物置になっていた実家の米蔵をリノベーションしたという小さなカフェだ。店主の一杉さんは古いものが好きで、収集したクラシカルなものでまとめられた内装はとても雰囲気がある。レトロな小道具もまたかわいい。1階と2階があり、飲食は主に1階で。すべて手作りのランチは、健康を気遣った身体にやさしく素朴な料理の数々。手まり寿司をメインにしたおまかせランチ、量少なめでお魚がメインのスモールランチ、ひき肉カレーとあり、予約時にメニューも決めるスタイル。何よりもゆっくりとした時間を楽しんでほしいと1日の予約数を限定しているため、あれこれ気にせずくつろげるのが嬉しい。食後はぜひ2階でのんびりしたい。実は、ここは座敷わらしがいるという。時が止まったような空間はそれも頷けるが、会えるかどうかはお楽しみだ。

1_野菜を多く使った副菜や碗ものなどがトレイいっぱいに並ぶ。ベジタリアン対応も可能なおまかせランチ　2_2階は天井も低く、隠れ家という言葉がぴったり。まさに座敷わらしがかくれんぼしていそうな風情だ　3_しっとりふわふわの手作りシフォンケーキと、ストレート果汁の100%りんごジュース

Recommend Menu

おすすめメニュー

おまかせランチ　2,500円　　スモールランチ　1,500円
カレーセット（ドリンク付き）　1,500円
シフォンケーキセット（ドリンク付き）　1,000円
各種ドリンク　500円

ちゃ茶cha

沼津市大塚70-1
☎080-5132-5707
　055-966-0872
🕐12:00〜
🚫完全予約制のため不定休
🅿3台

【テイクアウト】なし
【クレジットカード】不可
【席数】テーブル12席、テラス4席
【煙草】テラス席喫煙可
【アクセス】JR片浜駅から徒歩15分
東三本松バス停から徒歩3分
【備考】ドリンクのみ利用も要予約

伊豆市

古民家 はさまカフェ
こみんか はさまカフェ

田園の古民家で
ゆったり味わう採れたてのおいしさ

　修善寺から県道59号へ折れ、萬城の滝方面へ。伊豆半島のまんなかあたり、稲畑が広がるのどかな風景のなかに、古い民家を活かした一軒家カフェがある。素敵な音を奏でる古時計がたたずむ違い棚や縁側、手づくりの窓ガラス。「この辺りに人が集まれる場所が欲しかった」という店主の内田さんが手を掛け、懐かしさにオシャレをプラスした空間に仕上げた。子連れ向けには絵本のある座敷、少人数向けには押入れを改装した半個室もあり、さまざまなシーンに応えてくれる。

　月替わりのプレートはメインを肉か魚で選ぶ形。それに6種類の惣菜と十五穀米のごはんと味噌汁、漬物がつく。食材はなるべく店主や店主の姉が育てた野菜などの地元産でまかない、塩麹をはじめ発酵食品やハーブをふんだんに取り入れ、安心で体にやさしい料理を提供している。デザートは中伊豆の卵を使った昔ながらのプリンが人気。おいしい空気のなか、心も体も喜ぶ料理をのんびり堪能したい。

座敷スペース。左奥に押入れを改装した2名用の半個室がある。斜めで同じ柄になるふすまの壁紙がかわいい

1_「ちょっと固めのカスタードプリン」400円。飲みものはランチに350円または450円でつけられる　2_庭に面した縁側のガラス窓は手づくり　3_「お魚のプレート」1,500円。シャケの「コチュマヨ」焼き、じゃがいもニョッキ、切り干し大根中華和えなど。店主ひとりでの調理なので提供までのんびり待とう　4_静かな田舎風景に癒される

古民家 はさまカフェ

伊豆市中原戸68
☎0558-83-1172
✉11:00〜15:00 (14:30LO)、ランチ〜14:00(13:30LO)
休日〜水曜　P5台
Ⓗhttps://hasamacafe.amebaownd.com/

【テイクアウト】なし
【クレジットカード】不可
【席数】テーブル20席、座敷1組
【煙草】全席禁煙
【アクセス】伊豆箱根鉄道修善寺駅より車で15分

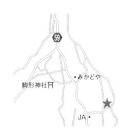

Recommend Menu

おすすめメニュー

アイスクリーム 自家製あんこ添え　400円

さくさくアップルパイ　600円

お肉のプレート　1,500円＋お好きなドリンク350円

※スペシャルドリンクをつける場合＋450円

ゲストハウス＋カフェ わ

「わ」の空間で、地産地消の野菜たっぷりランチ

開放的な店内。壁はギャラリーとして展示も行っている

「お米が美味しい」。こちらのランチをいただくと、まずそのことに驚く。自然栽培のお米に緑米をブレンドし、羽釜で薪をくべて丁寧に炊いているかまどご飯だ。地産地消・身土不二をモットーとし、使用している野菜や卵はすべて近隣の農家さんから届く、無農薬や有機などのこだわり素材。ランチやカレーなどのフード類にたっぷりと使われている野菜はなんと言っても味が濃く、美味しい。大切に食べたくなるランチだ。お茶タイムでも、身体にやさしい米粉やヴィーガンのものもあり、ホッとするスイーツをいただける。古い納屋をリノベーションした店内は、梁はそのままに天井板を外した吹き抜けから明るい光が届き、モダンな中にも古い建具や茶箪笥など古民家らしい風情がある。日本の"和"、農家さんと食べる人がつながる"輪"、そして美味しいものを食べてほっこり和やかの"和"も、この店名からは感じられる。

1_数量限定ランチ1,800円は、メインの他に野菜おかずがたくさん。手前味噌を使った国清(こくしょう)汁も滋味あふれる深い味わい。ごはんのおこげはチップスのよう 2_敷地内には農家の古民家そのままのゲストハウスも。昔話の世界のよう 3_ランチにはドリンクとデザートもつく。コーヒーカップは店主が趣味で集めた陶磁器で、何が手元に来るかも楽しみ

ゲストハウス＋カフェ わ

伊豆の国市奈古谷1048−1
☎055-950-9289
🕐11:00〜16:00
（ランチ11:30〜14:00）
ディナーは予約制
休水曜、第2・第4火曜　P12台
HPhttps://cafe-wa.p-kit.com/
【テイクアウト】あり
【クレジットカード】可
【席数】テーブル22席、カウンター2席
テラス4席
【煙草】全席禁煙
【アクセス】奈古谷温泉入口バス停
から徒歩5分
【備考】第1・第3火曜はカレーランチのみ

𝒯𝒶𝓀𝑒 𝑜𝓊𝓉 𝑀𝑒𝓃𝓊

テイクアウトメニュー

ドリップコーヒーセット5種 500円
アメリカンクッキー 250円

実はコーヒーもこだわりの品。スリランカ産有機栽培を始めとした5種セットは飲み比べにもいい。手作りクッキーとともにどうぞ

カフェ1518

カフェ いちごいちえ

古民家におじゃまして懐かしの味わいを堪能

綺麗な状態で残っていた古民家を、砂壁に漆喰を塗るなどの手も加えつつ完成させたカフェスペース

閑静な住宅街にポツンとたたずむ、築60〜70年の古民家を活かした一軒家カフェで、2021年にオープン。DIYを楽しむために手頃な倉庫を探していた店主が、この建物に出会い一目惚れしたことがきっかけで、予定になかったカフェ開店に至ったそう。当時のままというすりガラスの窓や畳、ひし形の組子や障子など、ほっと落ちつく懐かしい和のたたずまい。オシャレなモザイクガラスのペンダントライトもその空間になじんでいる。

モーニングからティータイムにいたるメニューも、建物の雰囲気に合うものを、というこだわりのもとで、たまごかけごはんや昔ながらの固めのプリンなどを提供。昭和デザインのグラスで提供するクリームソーダ、ティーフロートも人気だ。バックパッカーとして、アジアを旅したこともある店主好みのエスニックもあり、多彩で飽きさせない。靴を脱いで上がる"おばあちゃんち"のような空間で、非日常のひとときを過ごしたい。

1

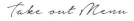

1_住宅街の中、まさに隠れ家といった雰囲気　2_青じそを香りづけに使用した「鶏ひき肉と茄子の和風ガパオ」1100円。サラダ、スープ付　3_固めに焼いた「自家製プリン」400円、いちごの「クリームソーダ」600円

Take out Menu

テイクアウトメニュー

自家焙煎コーヒー

2024年2月より店主がバックパッカー時代にめぐったアジアの豆を中心に提供予定!

カフェ1518

富士市中里34-1
☎0545-67-2553
🕒8:00〜18:00(17:30LO)、モーニング〜11:00
休火曜
🅿10台
🔗https://cafe1518.jimdosite.com/

【テイクアウト】あり
【クレジットカード】不可
【席数】テーブル20席、カウンター2席
【煙草】全席禁煙
【アクセス】岳南鉄道須津駅より徒歩5分

ritorno

リトルノ

素材が活きるスローフードでもてなす路地裏バル

雰囲気のある隠れ家的な空間。世界水遺産の

三島広小路駅からほど近く、蓮沼川沿いの道から折れた通りで隠れ家的な雰囲気のある一軒。11時から夜までの通し営業で、昼飲みや夜カフェも歓迎という、イタリアンバルのスタイルだ。とはいえ、食事を目当てに訪れる人も多く、複数人での来訪は予約が無難なよう。

カウンター越しの黒板でずらり紹介している契約農家。その直送無農薬野菜を活かした料理は多彩で、プレートからパニーノやピアディーニなどの一品料理、ビーガン料理まで幅広くそろえている。「農家さんが育てたおいしさを台なしにしたくないから、たくさん勉強しました」という店主の上野さん。ドレッシングやソース類などの調味料も無添加、手づくりにこだわっている。スモークサーモンと一緒に自然派ワインを、あるいはコーヒー一杯でも、しっかり食事でも。さまざまなシーンに応えてくれる懐の深いカフェ・バール。デイリーな一軒にしたい。

1

1_こだわり素材盛りだくさんの「リトルプレート」1,000円。自家製パン、雑穀米、イタリアのサンド（＋150円）などを選べる（12：00〜16：00）　2_赤ワインやすだき糖、非加熱蜂蜜を使用した「季節のフルーツとマスカルポーネのティラミス風」450円。ラテは＋300円でオーツミルクも選べる　3_農家直送の野菜も販売

ritorno

三島市泉町14-16
📞055-981-7557
🕐11：00〜22：00（金・土曜〜24：00）
休日曜　🚭なし
🏠https://www.instagram.com/ritorno2013/?hl=ja

【テイクアウト】あり
【クレジットカード】可
【席数】テーブル8席、カウンター5席
【煙草】全席禁煙
【アクセス】伊豆箱根鉄道
三島広小路駅より徒歩5分

窪田医院🏥
広瀬橋
国分寺卍　★　🅗かのや
蓮馨寺卍
静岡中央
三島広小路駅
三島
🇯ウエルシア
🇯三石神社

Take out

おすすめ
テイクアウトメニュー

● デリボウル

ペンネ、肉、たまご、野菜を詰め込んだ栄養バランスの良い無添加惣菜800円。ほか、内容によって300円、2,000円の詰め合わせも

うれしい無添加

Little Farm -Makado cafe-

リトルファーム　マカドカフェ

　富士山をあおぐ県道76号から、細い農道へ折れてすぐ。毎週水・日曜のみオープンする「Little Farm」は、養鶏と養蜂を営む農家の店。緑に囲まれた軒先では平飼いの鶏がトコトコと歩く姿も見られ、ほのぼのとした雰囲気が伝わってくる。レアな営業ながら、その卵や自家製蜂蜜を活用したメニューが絶品と評判なのだ。

　「Little Farm」では鶏の終生飼育に取り組んでおり、現在70羽ほどを飼育。形がいびつで市場には出せなくても、栄養価は変わらない高齢な鶏の卵は、カフェのフードやスイーツにも活かしている。コーヒー一杯の利用も歓迎ではあるものの、事前予約必須のたまごサンドはぜひ試してほしい。卵黄のみで作るプリンや蜂蜜もオススメ。販売数が少なく売切れ必至のため、こちらも予約が無難だ。養蜂はニホンミツバチとセイヨウミツバチで、100%、花から採取した蜜を使用している。自然の恵みに感謝しながら味わいたい。

建物の周りには子どもやペットを遊ばせられるスペースもある。駐車場までは案内板もあるので、見落とさないように

売切れ必至の味を求めて山あいの農家カフェへ

Little Farm -Makado cafe-

富士市間門35-1
☎0545-78-1647
🕐10:00〜15:30 (15:00LO)
休月・火、木〜土曜
🅿5台
🏠https://www.instagram.com/littlefarm_fuji/

【テイクアウト】あり
【クレジットカード】不可
【席数】テーブル12席、カウンター1席、テラス約15席
【煙草】全席禁煙
【アクセス】新東名新富士ICより車で15分

1_事前予約のみ、「こだわりたまごサンド」850円。地元のベーカリー「鈴木屋」の無添加パンと三島「だいいちはむ」の低添加ハム、自家製蜂蜜のハニーマスタード使用　2_鶏の世話をする店主の三尾さん。最後まで世話をしたいからと、羽数を抑えて終生飼育に励む　3_「まかどぷりん」、ニホンミツバチの蜂蜜がけ500円。セイヨウミツバチの蜂蜜は450円、プレーン380円

3

Take out

おすすめ
テイクアウトメニュー

● フィナンシェ

こちらも人気商品。「まかどぷりん」を作る際にあまった卵白、自家製蜂蜜などの厳選素材で焼いた、香ばしいフィナンシェ。1個180円

お買い上げは
お早めに！

YUHOBI Cafe

ユホビカフェ

　ゆったりとした場所を意味する古語「ゆほび
かなり」を引用した店名のとおり、天井が高く
開放的。倉庫を改装した建物で、彩り豊かなケー
キがならぶショーケース、富士山が見える窓、
オープンキッチン、クラフト展示スペースをワン
フロアに。木の温もりと手仕事に包まれた明る
い雰囲気が心地いい。東京やフランスで修行を
積んだパティシエの古川大樹さん、クラフト作
家でもある奥さんの舞子さんで営んでいる。

　住んでいる土地の素材がいちばんと、なるべ
く地元の食材で、ランチには野菜中心のデリプ
レートや朝霧ヨーグル豚を使用したハンバーグ
などをラインナップ。軽やかな食感のベイクド
チーズケーキやモンブランまで、オリジナリティ
が光るケーキも見逃せない。看板商品のシュー
サレにも使用しているシュー生地で2層のクリー
ムを挟んだシュークリームも絶品。ゆほびかなり
の空間で心も体も喜ぶ味わいを堪能しよう。

1 2 3

手仕事の味と温もりに癒される"ゆほびか"空間

1_富士宮産鶏を使用した自家製ハムor鮭のムニエル、日替わりのデリをシュー生地に挟んで味わう「シューサレ・デリプレート」1,100円。スープ付 2_洋酒をほんのり効かせたマロンクリームは、くどさがなく程よい甘さ。「モンブラン」750円。フレンチプレスのストレートコーヒー（700円）とご一緒に 3_舞子さんが得意とする「レース・ドローイングアート」の作品

舞子さんはクラフト作家としての独自のブランド「mame pocket」としても活動。その作品や、繋がりのある作家の作品も店内で展示している

YUHOBI Cafe

富士市大渕3440-11
☎0545-77-8252
🕐11:00-18:00(17:30LO)、ランチ～14:30
休水・木曜
🅿18台
🏠https://yuhobi.com/

【テイクアウト】あり
【クレジットカード】可
【席数】テーブル40席
【煙草】全席禁煙
【アクセス】新東名高速新富士ICより車で5分

Take out

おすすめ
テイクアウトメニュー

● シュークリーム

リキュールを活かしたサクサクのシュー生地にほどよい甘さのクリームがたっぷり。上品で洗練されていながらどこか懐かしい味わい。350円

おみやげにもピッタリ

029

佐野菓子店

さのかしてん

　「誰にも身近なお菓子屋さんでいたい」と、佐野さん夫婦が2018年から営んでいる、町の小さなお菓子屋さん。その想いのまま、ここには小さな子どもを連れたファミリーからお年寄りまでさまざまな人が訪れる。基本はケーキや焼き菓子の販売で、その場で食べていきたい人向けにカフェスペースとドリンクメニューを提供している。

　「さのかし」の代名詞は、注文後に中身を詰めるシュークリーム。トンカ豆の上品な香りをプラスしたディプロマットクリームをクッキーシューで包んだ一品で、見た目は素朴でも、また食べたい気持ちにさせる余韻が残る。サクッとしたシュー生地の食感もよく、おみやげにもぴったり。ほかにも青じそのババロアを加えたムース「パルク」やブラックベリーのジュレを合わせたショコラなど、同店ならではのアイデアを詰め込んだケーキを各7〜8種ラインナップ。どこか懐かしいけれど新しい、さのかしのお菓子の魅力にふれてみて。

「シュークリーム」302円。ドリンクは同市内「STERNE COFFEE LABORATORY」による「sanokashi brend」やたんぽぽ珈琲などがある

1_ブルターニュ産フランボワーズの
ピュレを使用したムース「パルク」
648円、ブラックベリーのジュレに
ショコラ、アッサムティのムースを
合わせた「BBショコラ」712円
2_富士市の「ごとうのたまご」うす
べに卵を使用したプリンや季節の
果物を活かしたケーキがならぶ
3_絵本のある喫茶スペース

懐かしさに工夫を詰めた
可愛いお菓子たち

佐野菓子店

富士市永田町1-15 中村ビル1階
0545-50-9209
10:00〜18:00
（喫茶11:00〜16:00LO）
困月・火曜（変則ありHP記載）
5台
https://sanokashiten.com

【テイクアウト】あり
【クレジットカード】可
【席数】テーブル3席
【煙草】全席禁煙
【アクセス】富士市役所バス停より徒歩2分

Take out

おすすめ
テイクアウトメニュー

● GIFT BOX

好みの組み合わせで詰め込めるギフトボック
ス。大きさは4種類。ブールドネージュやカシュ
カシュなど焼き菓子の詰め合わせにどうぞ

選べる
詰め合わせ！

GARDEN CROSS CAFE

ガーデンクロスカフェ

ブルックリンスタイルの店内にはゆったりと座れるソファ席もあって、時が経つのを忘れてしまうほどゆったり過ごせる。

大きな窓の外は、アメリカンテイストのエクステリアと青々とした芝生の庭のテラス席。ドッグランを併設しており、ワンちゃんと一緒にカフェタイムを楽しめる。

スコーンやマフィンなど季節の素材を使った焼き菓子は日替わり。ガラスジャーに入っ

た月替わりのドリンクをお目当てに来店する人も多いそう。お昼どきには「選べるおにぎりランチ」が大人気。メニューはすべて、スタッフがアイデアを出し合って作り上げており、どれもリピートしたくなる味わいだ。

カジュアルながら落ち着いた雰囲気の店内には、子どもからシニアまで、さまざまな年代の人が訪れる。居心地の良さが、地元の人に愛されている最大の理由だろう。

1　2　3

わんことも過ごせる！世代を超えて愛されるカフェ

1_日替わりの焼き菓子は、スコーンやマフィンを中心に、季節のフルーツを使ったケーキも登場する　2_「選べるおにぎりランチ」1,000円は、おにぎり2個と大きな唐揚げ、豚汁、お漬物がワンプレートになっている。おにぎりは、昆布や明太子、辛子高菜など12種類ある中から2種を選べる。一番人気はやっぱり鮭！　3_テラス席なら、わんことと一緒に過ごせる

ブルックリンのカルチャーと北欧のテイストを融合した落ち着ける空間は、ほっとひと息つける心が休まる場所だ

GARDEN CROSS CAFE

御殿場市萩原605-1
☎0550-70-7758
🕐10:00〜18:00（LO17:30）
休月曜
P6台
HPhttps://www.gardencross.net/cafe/
【テイクアウト】あり
【クレジットカード】可
【席数】テーブル11席、
カウンター7席、テラス9席
【煙草】全席禁煙
【アクセス】JR御殿場駅より徒歩約10分
東名高速御殿場ICより車で約10分

おすすめ
テイクアウトメニュー

● 宇治抹茶と黒蜜のラテ 580円

月替わりのドリンクとして登場した「宇治抹茶と黒蜜のラテ」580円。あまりの人気ぶりに定番入りを果たしたひと品。

Cafe らーらぷろむなーど

カフェ らーらぷろむなーど

水の都・三島を象徴する清流、源兵衛川のほとりに2023年春ニューオープン。それ以前のジャズ喫茶「うーるー」の閉店にともない、現在のオーナーがこの建物を引き受けたそう。店内には「うーるー」の顔でもあったトライオードの真空管アンプが残っており、耳に届く音楽のやわらかな音色が耳に心地いい。

オーナーが好んで展示している波佐見焼の器、川のほとりの緑、上質な音色に囲まれた空間では、喫茶の王道ナポリタンや朝焼きあげる手づくりパンなどを味わえる。ドリンクはイギリスの定番ヨークシャーティーやオーガニックティー、夏季ならイチゴやレモンなどの手作りシロップを活かしたクリームソーダも人気。どのメニューもできるだけシンプルな素材で、安心・安全を意識して提供している。源兵衛川沿いを散歩しながらの休憩、寄り道にも最適なスポット。濃厚なバスクチーズケーキもぜひ試してみて。

1　2　3　4

清流のほとりで味わう喫茶ナポリタン

1_看板メニュー、昔なつかしい「ナポリタン」1,100円。サービスコーヒーまたはドリンク付きプラス200円　2_アナスイの茶器で提供する「こだわりイングリッシュティー」600円、バスクチーズケーキ700円　3_長崎の陶磁器「波佐見焼」の器を展示販売。提供する食べものや飲みものでも使用　4_三島を象徴する源兵衛川。川沿いや川の上にも散策路が敷かれている。夏はホタル鑑賞や水遊びスポットとしても人気

Cafe らーらぷろむなーど

三島市南本町13-30 1F
☎055-916-0153
🕙10:00～19:00
休火曜　🅿3台
🌐https://www.instagram.com/cafe_rara.promenado/

【テイクアウト】あり
【クレジットカード】可
【席数】テーブル14席、カウンター4席、テラス2席
【煙草】全席禁煙
【アクセス】伊豆箱根鉄道三島広小路駅より徒歩10分

源兵衛川沿いの景色を眺められる心地よい空間。窓越しの木は桜で、春の窓際席やテラス席は花見の特等席になる

おすすめ
テイクアウトメニュー

● 手づくりパン各種

まるパン、ぶどうパン、くるみパン（それぞれ100円）や食パン（500円）など。朝焼きあげる分だけなので購入はお早めに。

素朴な
まるパンが人気!

035

薬 膳 喫 茶 gekiyaku

やくぜんきっさ　ゲキヤク

熱海・来宮神社からの急な坂を上り、小高い山にある小さなお店。そこが薬膳喫茶gekiyakuさんだ。店主・鈴木夢乃さんのお祖父さまの別荘だった思い出の建物を、合宿所として鈴木さんご夫妻が自分たちでリノベーション。二人ともデザイナーということで、各所デザインにこだわって仕上げられたそう。その合宿所に併設するこちらはハイセンスながら近所の方の憩いの場にもなっている親しみやすさで、喫茶店という言い方が似合う。飲食のベースを薬膳にしたのは、夢乃さんのお母さまが薬膳の資格を取ったことから。あえて効能は謳わず、美味しく食べてちょっと身体にいい、をモットーにしている。鶏ガラでとった出汁や時間をかけて煮詰めたシロップなどほとんどが自家製で、食べにくさは全くなく、するすると入ってしまう。熱海の緑と海を眺めながら、やさしい味の薬膳で心も身体もほぐれていくようだ。

熱海を見下ろす高台で、
美味しくやさしい薬膳を

1_杏仁豆腐は食感が違う2種。ぷるぷるの西風（せいふう）、とろとろの東風（とんぷう）。シロップもそれぞれ違うので食べ比べたい　各550円　2_薬膳ソーダ550円は、シナモンなどのスパイスを効かせた梅シロップのソーダ割り。とても爽やかで体の熱が冷めるよう　3_薬膳茶も2種。プーアール茶ベースで見た目も美しい。アイスティーも可　北風（べいふう）、南風（なんぷう）各550円　4_出汁で炊かれたお粥は滋味あふれる美味しさ。生姜を効かせ、具は低温調理の鶏ハム、五香粉風味の豚肉から選べる。副菜もたっぷり　550円　5_レトロな雰囲気がありつつアーティスティックな店内。海側に向かって大きく取られた窓からの風景がいい

薬膳喫茶 gekiyaku

熱海市西山町32−25
☎080-5876-3692
✉11:00〜17:00
休月〜木曜
🅿2台　駐車場は店舗の10メートルほど北
HPhttps://www.instagram.com/gekiyaku.jp/

【テイクアウト】あり
【クレジットカード】可、ペイペイ可
【席数】テーブル6席、ソファ2席
【煙草】全席禁煙
【アクセス】来宮駅より徒歩10分

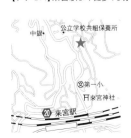

おすすめ
テイクアウトメニュー

●包（パオ）　540円

パオは、ほんのり甘い中華まん生地に包まれた中華風サンドイッチ。メインの具はお粥と同じく豚肉と鶏肉から選べる。スープ付きなのも嬉しい

STERNE COFFEE LABORATORY

シュテルネコーヒーラボラトリー

静岡県富士総合庁舎向いの角にある、焙煎所を兼ねたコーヒースタンド。2017年の開店で、2022年には、市内の商店街に姉妹店「トロニカ珈琲焙煎所」をオープンした。いずれも焙煎士である芝田安弘さんが、地元に質の高いコーヒーカルチャーを浸透させたいという思いで営んでいる。市内には同店の豆を使用したコーヒーメニューを提供しているカフェも多く、その思いは着実に実を結んでいるよう。

豆の仕入れで大切にしているのは"幸せの総数"。生産者の顔が見えるもの、農家にきちんと還元されること、流通経路がクリアなことを重視してセレクトしている。扱うのは常時12〜15種類。特にインドネシアの豆が多めで、浅煎りから深煎りまで、ていねいに焙煎したストレートコーヒーを幅広くそろえている。味に迷ったら酸味と苦みのバランスが良い「STERNEブレンド」を。コーヒー以外にも、オリジナルスパイスを使用したチャイもオススメ。

ハンドドリップする芝田さん。豆の販売は100gから

1　2　3

地元に上質な珈琲文化の種を植えるコーヒーラボ

1_軒先からコーヒーの馥郁とした香りがただよってくる　2_「オリジナルスパイシーマサラチャイ(550円)」ほか、4～5種類のチャイを提供　3_コーヒーチェリーの果肉を乾燥させた「カスカラ」を活かしたお茶も人気

STERNE COFFEE LABORATORY

富士市本市場町786 1F
📞090-1726-1622
✉11:30～19:30（土日祝～19:00）
㊡月・火・木曜
Ｐなし
🏠https://sterne.shopinfo.jp/

【テイクアウト】あり
【クレジットカード】可
【席数】椅子のみ6席
【煙草】全席禁煙
【アクセス】JR富士駅より車で5分

おすすめ
テイクアウトメニュー

コーヒーにぴったり

●岩波商店の焼き菓子

富士市を中心にイベント出店などで活動している「岩波商店」の焼き菓子を販売。アーモンド入りクッキー、フロランタンそれぞれ300円

cafe156

カフェ156

　ひとりでふらりと立ち寄れるカフェにしたかったという空間は、洗練されているけれど温かみがあり、落ち着ける。本を読んだり、編み物をしたり、パソコンを持ち込んで仕事をする人もいる。音楽イベントをはじめ、料理教室やトークイベントなど、音楽と文化の発信基地でもある。

　ドリンクはスペシャルティコーヒーから季節の酵素ジュース、生桑茶などヘルシーなものまでラインナップする。コーヒーカップはしずく窯、カトラリーは工房Rokumokuの作品。人の手がかけられたものを大切にしたい店主がセレクトしており、欠けたり割れたりした箇所に施された金継ぎが愛しい。

　どっしりとした一枚板のテーブル。1つとして同じものがないアンティークのチェア。全部違うのが居心地よくて、ここに来ればいつだって等身大の自分のままでいられる。

「Decafe156」460円は、この店オリジナルのデカフェ。軽やかな味わいのスペシャルティコーヒーだ

1　2

等身大の自分のまま、
のんびり穏やかに過ごせる場所

3

4

cafe156

御殿場市北久原275
☎0550-70-9237
🕙10:00～18:00（変動あり）
🈺日・月・火曜　🅿4台
🔗https://www.instagram.com/cafe156toushindai/
【テイクアウト】あり
【クレジットカード】不可
【席数】テーブル14席　【煙草】全席禁煙
【アクセス】JR御殿場駅から車で約6分、
東名高速道路御殿場ICから車で約10分

1_クルミがぎっしり詰まった「カラメル胡桃タルト」460円。口の中でほろりとほどける焼き菓子の素朴な食感が楽しい　2_柔らかな日差しにウンベラータの緑が映える、心地よい空間　3_スペシャルティコーヒーのロースターに出会い、初めて飲んだときの味に驚いたのがきっかけで、浅煎りのコーヒーの魅力に気付いたという店主の参河さん。提供するコーヒーはハンドドリップで淹れる。　4_店内の奥にあるのは、長野に住む薪ストーブ職人イエルカさんの薪ストーブ

Take out

おすすめ
テイクアウトメニュー

●156寝かせ玄米むすび

玄米と黒仙石大豆と塩を炊き熟成させており、発酵玄米とも呼ばれる。テイクアウトなら1つ220円（イートインの場合250円）

野らりくらり

のらりくらり

「野らりくらり」には、近所で働く人・暮らす人、そしてこの店を好きな人が、ふらっと一人でやってくる。本を読みふけったり、ぼうっとしたり、それぞれが思い思いにのんびり過ごす。遅い昼食や早い夕食を食べに来る人も少なくない。時間をぎゅっと詰めたような慌ただしさはなく、凝り固まった心をほぐしてふんわり包むような、やさしい空気が漂うカフェだ。

コーヒーや紅茶、おやつ、食事のほか、種類はそう多くないがお酒の用意もある。おやつや食事は日替わり。食材は極力国産のものを選び、吟味した調味料を使って作る。

店主が一人で営んでおり、通うほどに、店主と交わす会話も楽しみになる。そうして思う存分ゆっくり過ごして帰る頃には、おなかも心もすっかり満たされて、気持ちが軽くなっていることに気付くだろう。

ゆっくりのんびり過ごす。
おひとりさまのためのカフェ

スワッグや絵画などが置かれ、ノスタルジックで味わい深さがある

1_テーブル席を独り占めしてゆったり過ごせる　2_旬の野菜は自家農園で獲れたものが中心。サラダやスープなど店主が手を掛けて作る　3_「週替わりごはんセット」1,500円。この日はスパイスを独自に配合して作った夏野菜のカレーとキュウリの冷製スープ。キャロットラペなどの副菜から漬物まですべて自家製だ。ほかに、豚丼やそばめし、おでんなど、さまざまな料理が登場する

野らりくらり

三島市北田町6-17鈴福ビル1F
☎なし
✉11:30〜19:00（LO18:00）
水曜11:30〜15:00
休月・火曜　P なし
HP https://www.instagram.com/
norakura_gohan/

【テイクアウト】メニューによって可
【クレジットカード】可
【席数】テーブル3席、カウンター5席
【煙草】全席禁煙
【アクセス】伊豆箱根鉄道駿豆線三島田町駅から徒歩約30秒

Menu　おすすめメニュー

● かためプリン 500円
● スパイス香るキャロットケーキ 500円
● オリジナルブレンドコーヒー 500円
● 煎茶 200円　● グラスワイン 600円〜

カフェtrois

カフェトロワ

　住宅街の一角に突如として現れる、鬱蒼とした緑。木々の枝や蔦が覆う、小さな森のようなアプローチの奥にカフェがある。建築事務所とギャラリーに併設されたこちらは、オーナーの建築士・平井さんのご実家をリノベーション。昭和建築の良さを活かした陰翳ある店内は、モダンかつ心落ち着くスペースだ。ゆっくりと過ごせるよう落とした照明に、目を上げると窓の外には柔らかい緑。そんな中でいただけるのはドリンクとスイーツ、トーストとシンプル。お菓子は三島の「加菓」さんのもの。ここで過ごす時間そのものに寄り添うような、温かみのあるものばかりだ。隣接しているギャラリーは、それ自体がすでに立体作品のよう。展示と併せて、建物自体も鑑賞したい。ショップには、生活雑貨や小粋な品が並んでいる。ここに来たら、カフェとギャラリーどちらかだけでは勿体無い。すべての空間を堪能したくなる。

1

2

3

4

木々と蔦に包まれた、空間を味わうカフェ&ギャラリー

1_大きな書棚に本がたくさん並び、ブックカフェ的な一面も。子ども向けに絵本もある。別の棚には販売している本も 2_白を基調とした2つのギャラリー「noir/NOKTA」はちょっと不思議な造り。非日常に迷い込んだような世界観があり、展示によって表情が変わる面白さがある 3_自然と一体化するような、四季を楽しめるテラス。季節のあしらいが風情を醸し出す 4_にんじんをたっぷり使い、爽やかなチーズクリームを乗せたキャロットケーキ（450円）。三島産の春摘み紅茶（500円）は無農薬で、渋みが少なく柔らかい味わい。カップは陶芸家さんの作品

カフェtrois

伊豆の国市中750-1　☎055-949-7821
🕐11:00〜16:30
（ギャラリー営業期間の土・日・月曜のみ）
🈲不定休　🅿あり7台
🌐https://www.instagram.com/cafe_trois/（カフェ）
https://www.instagram.com/noirnokta/（ギャラリー）

【テイクアウト】あり
【クレジットカード】不可
【席数】テーブル6席、カウンター5席、テラス4席
【煙草】全席禁煙
【アクセス】伊豆箱根鉄道・伊豆長岡駅より
徒歩10分、新東名・沼津長泉インターから車30分
【備考】営業日は要確認（インスタ、メールinfo@renrens.jp）

おすすめ
テイクアウトメニュー

●レモンクッキー　250円
●パウンドケーキ　380円

季節で変わるパウンドケーキに、店名を冠したレモンクッキー。家でも余韻に浸れるお菓子を持ち帰ろう

伊豆長岡駅
韮山南小
共和
ミニストップ
若宮神社

ぼんやりと窓の外を眺めたいカウンター。壁の飾り棚に並ぶ小品もかわいい。絵画や小さな造形作品など、平井さんが時々変えているそう

Cafe&Bar NikenMe from Corner

カフェアンドバー　ニケンメ　フロム　コーナー

　御殿場市を中心に東京など関東近郊で活躍するイベンター兼カメラマンの飯田さんが運営しており、オープンするのは月1〜2日程度。人と接するのが好きな飯田さんが生まれ育った町で人が集える場所を作りたいと考えていたときに、店舗付き住宅が偶然売りに出ているのを見つけ、すぐに購入を決めてカフェを始めた。開店する日は不定期ながら、お店を開ければ近所のおじさんやおばさんがニコニコ

しながらコーヒーを飲みに来る。

　県道394号から富士岡駅に向かう角から2軒目にあるからこの店名。角から1軒目（つまり隣）は洋食の名店「でみたす」で、この店にいながらでみたすのメニューも注文できる。

　オリジナルメニューのネーミングは、NiceコーヒーやNiceコーラ、ナイスドーナツなどどれもピースフル。地元愛にあふれる人びとが集い、自然と笑顔になる雰囲気がある。

飯田さんに代わってサンデー英将氏が不定期に日曜日に営業する、特製ナイスピザの販売日。ピザは1枚1,200円〜。写真はピザの新メニュー、4種のチーズを使用したクアトロフォルマッジ

1

2

1_低温でじっくり揚げるからふわふわの食感を味わえる「ナイスドーナツ」。写真の初冠雪（サラサラシュガー）のほか、本命と義理（チョコ）、きなこ、緑の丘の朝焼けに（抹茶）、シナモンなどがラインナップ。1つ300円〜。生地は国産小麦粉と御殿場・沼田にある瀬戸養鶏所の卵を使用している　2_店内にある本は自由に読める　3_1人で切り盛りするから、オーダーから提供までに時間がかかることも。そんなときには、この店での過ごし方がまとめられたファイルを読むといい。ユーモアたっぷりでクスリと笑ってしまいそうになる　4_お酒500円〜の用意もあり、隣にある洋食屋さんのおつまみメニューをつまみながら一杯やるのも楽しい

角から2軒目にある、
ピースフルなカフェ

3

4

Cafe&Bar
NikenMe from Corner

御殿場市中山540-3A
☎0550-78-7315
✉11:30くらい〜14:30、
日曜11:30〜22:30
困不定休　℗4台
🏠https://www.instagram.com/
nikenmegotemba/

【テイクアウト】あり
【クレジットカード】不可
【席数】テーブル12席
【煙草】全席禁煙
【アクセス】JR御殿場線富士岡駅より
徒歩約30秒

Take out

おすすめ
テイクアウトメニュー

● Niceコーヒー

ドリンクメニューはすべてテイクアウトできる。Niceコーヒーはホットもアイスも400円

トロニカ珈琲焙煎所

トロニカコーヒーばいせんじょ

　昔からある老舗商店や個性的な雑貨店、飲食店が軒を連ねる商店街で、かつては富士参詣の宿場だった吉原商店街の一軒。焙煎所を兼ねたコーヒースタンドで、同市内のコーヒーショップ「STERNE COFFEE LABORATORY」の姉妹店として、焙煎士の芝田安弘さんが両店舗を営んでいる。

　「地元で質の高いコーヒーカルチャーを浸透させたかった」という芝田さん。トロニカ珈琲焙煎所で使用している焙煎機は、東京でコーヒーを学んでいたころの先生から譲り受けたものだそう。豆は両店とも浅煎りから深煎りまでを幅広くそろえながら、この店舗では、古い商店街の一角という立地も踏まえたラインナップとなっている。強い苦みとコクを感じられる極深煎りの「吉原ブラック」は、ぜひ試してほしい。カフェラテをはじめ、バリスタによるエスプレッソのバリエーション、吉原商店街の催しに合わせた季節限定ドリンクも見逃せない。

ラテアートも楽しめるカフェラテ・シングル550円。エスプレッソ追加＋100円

富士山麓の商店街に佇むコーヒースタンド

トロニカ珈琲焙煎所

富士市吉原 2-11-11
☎0545-50-9653
✉11:00〜18:00
🈺月・水曜（変更の可能性あり）
🅿提携立体駐車場あり
🏠https://tronikacoffee.shopinfo.jp

【テイクアウト】あり
【クレジットカード】可
【席数】テーブル4席
【煙草】全席禁煙
【アクセス】岳南鉄道吉原本町駅より徒歩2分

1_オーナーで焙煎士の芝田さん。焙煎機は勤めていた東京のカフェ「こうひい豆やSTRINGS」の閉店を機に譲りうけたもの　2_浅煎りから深煎りまで常時6〜7種類を提供。商店街の名をつけた「吉原ブラック」は厚みのある飲み口が特徴　3_コンクリート打ちっぱなしの壁面にコーヒーにまつわる器具や道具がならぶ、オシャレな空間

Take out

おすすめ
テイクアウトメニュー

● 吉原ブラック
深煎り好きにオススメのブレンド（550円）。特にアイスコーヒーによく合う。もちろんほかのコーヒーもすべてテイクアウト可

どっしりボディ!

高嶺の森の喫茶室

たかねのもりのきっさしつ

　大きな窓の向こうは、長い年月を経た深い森が広がる。富士山のふもとにある「高嶺の森」のコテージに併設のカフェ。近くにはキャンプ場、ゴルフクラブ、診療所がある。コテージの宿泊客に限らず多くの人が訪れ、本を読んだり手紙を書いたり、昼どきから夕方まで、それぞれが自由に、静かな時間を過ごす。デザートや飲み物は、日替わりで数種類を用意。食事はスパイスカレーを味わえる。オープンする日はインスタグラムか電話で確認できる。

　喫茶室の入口には看板犬であるジョバンニ＆フラニーとそのファミリー7頭がいて、のんびりと寝そべる。セラピー犬として訓練を受けており、とてもやさしいわんこたちだ。

　美しい自然に抱かれ、時の流れに身を任せれば、日常の中にあるささやかな喜びや幸せに気づけるだろう。

ポークビンダルーとダルカレー、2種類のカレーを味わえる「ランチメニュー」はスープと飲み物がついて1,500円（チャイを選ぶと＋100円）。スパイス感が穏やかでマイルドな味わい。野菜は地元産のフレッシュなものを極力選んでいる。全部混ぜて食べるのがおすすめ

1_季節の果物と一緒に味わう「季節のチーズケーキ」
600円。ランチプレートと一緒にオーダーすると500円と
なる　2_オリジナルブレンドのスパイスを使って淹れる
「チャイ」600円。牛乳または豆乳を選べる。甘さを調
整してもらえるので、オーダー時に確認を　3_「高嶺の
森のアイスクリーム」500円には、写真のパイナップル
味のほか、ピーナッツ味もある。もったりとしながらも
なめらかな舌触りとやさしい味わいがクセになるひと品
　4_喫茶室の窓の外には、長い年月をかけて育った森
が広がる。四季折々の自然の移ろいを楽しめる　5_「高
嶺の森」の看板犬であるラブラドール・レトリバーのジョ
バンニ＆フラニー一家のうち5頭と看板猫が勢ぞろい

ゆったりと静かに時が流れる、心がまあるくなれる場所

高嶺の森の喫茶室

御殿場市上小林1506-6
📞0550-75-7981
🕐11:30～16:00(LO15:30)
🈲不定休
🅿10台
🌐https://takane-cottage.com/

【テイクアウト】あり
【クレジットカード】不可
【席数】テーブル20席、テラス12席
【煙草】全席禁煙
【アクセス】新東名新御殿場ICから車で約3分

富士平原
ゴルフクラブ ★
高根小上小林分校⊗
138
410
新御殿場
IC
仁杉Jct
406

Take
out

おすすめ
テイクアウトメニュー

● 米粉のスパイスキャロットケーキ

ラム酒がほのかに香るキャロット
ケーキ600円をはじめ、お菓子類、
ドリンク類はテイクアウトできる

WEDNESDAY COFFEE STAND & ROASTER

ウェンズデイ　コーヒスタンド　アンド　ロースター

　扉を開けると、外の喧噪とかけ離れた別世界。コンクリート、木材、ガラス、金属など異なる素材が調和する、静かで奥深い空間が広がる。

　店の入口にはピカピカに磨かれた焙煎機がある。コーヒー豆は、店主が質の高い生豆を仕入れて焙煎する。メニューには、焙煎度合いが異なる5種類のフィルターコーヒーが並ぶ。エスプレッソは、リストレットという方法で抽出する。エスプレッソと同量の豆をエスプレッソよりも少ない湯で抽出するため、うま味が凝縮され、カプチーノやカフェラテなどに向く。+50円で、コーヒー豆を倍量で抽出するダブルリストレットに変更できる。

　穏やかな人柄の店主が醸し出すやさしい雰囲気が、一人で過ごす時間にそっと寄り添う。こだわり抜いた一杯のコーヒーを、完成度の高い空間でゆったりと楽しみたい。

店内と窓の外の街並みとのギャップたるや!
完成度の高い空間が多くの人を魅了する

1_「レアチーズケーキ」700円は定番スイーツ。濃厚ながら舌触りが滑らか。コーヒーとのペアリングを楽しみたい　2_JUN kobo bakeryの山食パン、遠藤製餡所の餡で作る「あんバタートースト」650円は鉄板の美味しさ。+100円でクリームをトッピングできる　3_「ブレンド」600円はこの店のオリジナル。中深煎りのコーヒー豆で淹れる一杯は、香りが華やかながらクリアな苦みがある　4_店内に入って左手にあるカウンターでオーダーしてから席へ。店内は1人席を含めて5組までの案内のため、少人数での利用がおすすめ

静かで美しい空間で
自家焙煎のコーヒーを味わう

WEDNESDAY
COFFEE STAND & ROASTER

三島市芝本町7-5
☎なし
🕐11:00〜17:00（LO16:30）
休火・水曜　Ｐなし
HPhttps://www.instagram.com/
wednesdaycoffeestand/

【テイクアウト】あり
【クレジットカード】不可
【席数】テーブル12席
【煙草】全席禁煙
【アクセス】JR東海道線三島駅より徒歩約7分

Take out　おすすめ
テイクアウトメニュー

● ドリンク・コーヒー豆
すべてのドリンクメニューと自家焙煎のコーヒー豆をテイクアウトできる。コーヒーは600円〜。コーヒー豆は100g1,150円〜。

SOUND TRACK COFFEE

サウンドトラックコーヒー

飲む人の一日に寄り添う
一杯を提供するコーヒースタンド

沼津産のレモンを使った
自家製レモネードにエス
プレッソを組み合わせた
「エスプレッソレモネード」
650円。レモンの爽やか
な風味とエスプレッソのビ
ターな味わいが好相性

1_オーダーを受けてからハンドドリップで淹れる。コーヒーのほか「チャイ」550円の用意もある（チャイにエスプレッソを混ぜたダーティチャイは裏メニュー）　2_「ステレオ・ブレンド」と「モノラル・ブレンド」という2種類のオリジナルブレンドのほか、シングルオリジンが4種類あり、いずれも一杯500円。ステレオ・ブレンドはコーヒーの苦みが苦手な人にも飲みやすいよう軽めに仕上げた。モノラル・ブレンドは重めの味わいで、コーヒー好きにおすすめ。コーヒーのポットサービスもしている　3_店名にはコーヒースタンドとあるが店内にはベンチシートがあり、座ってのんびりコーヒーを味わえる　4_コレクションの中から、店主が今聴きたい1枚を選んで針を落とす。今日の音楽を聴きにいくのも楽しみの一つ

SOUND TRACK COFFEE

三島市寿町3-48アキタ第2寿ビル・別館
🔗なし
✉8:00〜9:30、11:00〜18:00、土曜・祝日10:00〜17:00
休日曜
🅿1台
🆔https://www.instagram.com/sound_track_coffee/
【テイクアウト】あり
【クレジットカード】不可
【席数】ベンチ5席（店外にベンチ席あり）
【煙草】全席禁煙
【アクセス】三島駅南口から徒歩約3分

Take out

おすすめ
テイクアウトメニュー

● カフェラテ　500円

エスプレッソそのものの美味しさを味わえるよう、ミルクは少なめ。すべてのドリンクがテイクアウトOKだ

レコード盤をデザインした看板に誘われ雑居ビルの奥へと歩いて行くと、右手に小さなコーヒースタンドがある。カウンターに置かれたレコードプレーヤーが心地よく音楽を奏でる。コーヒーと音楽を愛する店主がこの店をオープンしたのは、2023年のことだ。

コーヒー豆は長野県御代田町にあるSANGA COFFEEのもの。こちらの豆で淹れたコーヒーを初めて口にしたときに大きな衝撃を受け、いつか自分の店を開いたらこの豆で淹れたコーヒーを出すと決めていた。

映画やドラマに使われる音楽や音声を収録したものをサウンドトラックと呼ぶ。ストーリーを引き立てる重要な要素である音楽のように、その人の1日に寄り添い引き立てるようなコーヒーを淹れたい。そんな思いで、店主は毎日、ハンドドリップでていねいに、コーヒーを淹れ続ける。

waltz.

ワルツ

　三島の名店・ディレッタントカフェの別室ワルツが、2023年3月、カフェとセレクトショップ＆ギャラリーとしてリニューアル。オーナー四宮夫妻のセンスで構成されている店内は、古き良き時代のヨーロッパのよう。インテリアもさることながら、ショップではマダムの優子さんがセレクトした身体と心にやさしい品々、ディレッタントカフェ店主・浩司さんが収集した和洋のアンティーク、アートや作家さんの陶器などなど。ありものを並べただけではない、唯一無二のアーティスティック空間だ。とはいえ気難しさは一切なく、気軽にお茶だけ利用ももちろんウェルカム。フードは前菜とデザートのみだが、日替わりで何が出るのかも楽しみだ。ワルツならではの風景をドリンクを手に眺めていると、ゆったりとした気持ちになっていく。すべてが調和してカフェという旋律を奏でるここでは、時間も穏やかにリズムを刻む。

ゆったりと穏やかなアーティスティック空間

1_ソムリエールである優子さん厳選のワイン（グラス660円〜）はオーガニックやビオ中心。前菜盛り合わせ1,100円は軽いランチにもなりそうな満足感　2_季節も感じられる本日のデザート770円。味と効能で選べる、身体に沁みるコーディアル770円　3_空を望む、ショップエリアのカウンター。3階ならではの風景

waltz.

三島市緑町1-1　3階
☎080-3643-3098（繋がらないとき055-972-3572ディレッタントカフェ）
✉13:00〜17:00　困月・火曜　🅿なし
ℍ https://www.instagram.com/dilettantecafe_waltz/

【テイクアウト】物品のみ可
【クレジットカード】不可
【席数】テーブル4席、カウンター10席
【煙草】全席禁煙
【アクセス】伊豆箱根鉄道
三島広小路駅から徒歩3分
【備考】イベント・展示会など開催時の営業は要問い合わせ

落ち着いた調度品が並ぶ店内。レイアウトもときどき変わるのが楽しい

Take out

おすすめ
テイクアウトメニュー

● オーガニックコーディアル 2,860円

100%オーガニックで、旬の果物やハーブ、スパイスを調合した、身体も喜ぶシロップ。お店で提供する3種すべて購入可

nog cafe

ノグカフェ

深い緑に囲まれて、
森林浴気分のカフェタイム

フィリングぎっしり、サクサクの
日替わりタルト660円〜。ロン
ネフェルトのハーブティー880
円はポットサービスでたっぷり

1_ウッディな家具に緑の風景がマッチする、落ち着く雰囲気の店内　2_エビなどゴロゴロ具材にチーズたっぷり。パンもつきお腹いっぱいになる、シーフードグラタンスープセット1,980円　3_中庭には、ヨーロッパの避暑地のようなテラス。鳥のさえずりを聴きながらのお茶タイム

富士山の麓、十里木の別荘地にあるこちらは、店主・野口さんの自宅を改装したカフェ。もともと花や庭仕事が好きだったことから、自然豊かで四季を感じられるこのロケーションを多くの人に楽しんでもらいたい、とオープン。

テーブルや窓枠を自作するなどインテリアにもこだわった店内はガラス張りで、どの席でも庭の緑がよく見える。天窓からの光も降り注ぎ、まるで森の中にいるようだ。

場所だけではなくフードも良いものをと、添加物を使わずベシャメルソースなども一から仕込んでいて、パンは平塚のパン屋さんから取り寄せた逸品。フードには副菜、ゼリーもつくスープセットがプラスでき、ボリュームも満足できる。もちろんスイーツも手を抜かず、季節のフルーツを使ったケーキなど常時5種類ほど。

メニューは多種あるが、なんといってもこの緑がごちそうだ。食事のあとは、庭の中で大きく息を吸い込みたい。

nog cafe

裾野市須山2255-4733
☎055-998-2800
🕐11:00～17:00
休日・月曜（他に不定休あり）
Ⓟ7台
🆔https://nogcafe.therestaurant.jp/

【テイクアウト】あり
【クレジットカード】可
【席数】テーブル16席、テラス10席　※テラス席は冬季クローズ
【煙草】全席禁煙
【アクセス】JR御殿場駅より車30分、十里木バス停徒歩10分

Take out

おすすめ
テイクアウトメニュー

●ホットドッグ　　700円

行楽のランチにも最適なサンドイッチ類。ホットドッグはパリッとした粗挽ソーセージにソフトフランス生地で食べ応え充分

The Old Bus

ジ・オールドバス

何もない海岸にひっそりと佇む古いバス。横浜でバーとして営業していたバスを、お客さんだった舛本さん夫妻がバーの閉店時に「この空間をどうしても残したい」と、紆余曲折の末この地でDIYで再生したそう。こちらは飲食店ではなく"チルアウトスペース"と位置付けている。チルアウトとは英語のスラングで、落ち着く、まったりするといった意味。予約してワンドリンク込みの利用料を払えば、2時間ほどバス内外で好きなように過ごせるそう。「ゆっくりしたいとき、飲食のオーダーを気にせずそこにいられる場所が欲しかった」という舛本さん自身の体験からこのスタイルに。バスの中は、木の床に低い天井のノスタルジックな空間。さまざまなこだわりがあるドリンク片手に海を眺めて、ただ時が流れていくことに身を委ねられる。懐かしい感じがするバスとともに過ごすひとときは、他にはない体験となるだろう。

バーの趣きを残すカウンター。天井にたくさん貼ってあるのはバー時代からのお客さん名刺、これももはやインテリア

郷愁を乗せたバスは、「時」を過ごすための場所

The Old Bus

沼津市西浦久料
🏠なし
🕐10:00〜21:00（予約時間に応じて変動）
🚫完全予約制のため不定休
🅿あり6台
🌐https://theoldbus.net/

【テイクアウト】なし　【クレジットカード】不可
【席数】テーブル7席、カウンター7席
【煙草】全席禁煙
【アクセス】「若松海水浴場」バス停すぐ、伊豆中央道長岡ICから車20分
【備考】予約はHPからのみ。利用料は一人1,000円（ワンドリンク込み。1,000円以上のドリンクは追加料金あり）、1回2時間が目安。

1_穏やかな海辺で自然と一体化しているようなバス　2_西浦産のオーガニックレモンと、なんと自家製の塩を使ったソルティードッグ。ノンアルコールでももちろん味わえる　3_この地は故郷の瀬戸内海に似ているという舛本さん夫妻　4_オリジナルでスパイスを8種ほどブレンドしたチャイ。ミルクは豆乳、オーツミルクも選べるのも嬉しい　5_ソファー席ではたくさんある本でゆったりと読書に耽るのもいい

おすすめメニュー

● 自家製塩のソルティードッグ風レモネード　600円
● 流木コーヒー　550円　● 特製スパイスチャイ　600円
● 自家製ジンジャーシロップを使ったカクテル各種　800円より
※価格は2杯目以降の追加ドリンクの場合

お菓子と珈琲　赤池商店

おかしとコーヒー　あかいけしょうてん

ケーキとコーヒーをもっと美味しくするペアリング

果物によってスポンジやクリームも変える
ショートケーキ。コーヒーと合わせることで
より味わい深くなる。香り立ついちじく
ショート795円、ドリップコーヒー780円

赤池さん夫妻は、バリスタとパティシエのご夫婦。旬のフルーツなどを使ったスイーツと自家焙煎スペシャルティコーヒーのお店で、ケーキとコーヒーお互いが引き立つように、お二人それぞれの視点で考えられたペアリングを提案している。コーヒーはケーキの味とぶつからない浅煎り専門で、合わせるものによって豆の種類や抽出方法まで変えるこだわり。季節で変わるケーキはメインの素材を最大限に活かしつつさまざまな味の要素があり、複雑なフレーバーを持つスペシャルティコーヒーとの組み合わせを前提に作られている。この2つを一緒に味わうことで、香りや味が掛け合わされて新しい美味しさになる。

またカフェでのみ提供のパフェは、多様な素材を使ったアイスやゼリーなど複数のパーツで構成、一口ごとに違う味がしてとても新鮮な驚き。こちらも新感覚だ。スイーツの新しい楽しみ方を、ぜひ体験してみてほしい。

1_厳選された産地直送フルーツや自家製チョコなどこだわりの素材を使ったケーキは常時8種ほど。 2_季節のフルーツパフェ（2,200円～※果物により変動）は10種類以上の内容で構成され、何が入っているか考えるのも楽しい。コーヒーは、アイスでも香りが立つようにワイングラスでサーブ 3_パティシエの美佳さん。日々新しいケーキの創作に余念がない 4_バリスタの拓さん。どんな素材にどんなコーヒーが合うか、考えるのが楽しいそう

お菓子と珈琲　赤池商店

富士宮市弓沢町924
☎050-1807-1612
✉10:30～17:30
休日・月曜　Ｐあり9台
🌐https://www.akaikeshouten.com/
【テイクアウト】あり
【クレジットカード】可、ペイペイ可
【席数】テーブル4席、カウンター4席
【煙草】全席禁煙
【アクセス】源道寺駅から徒歩11分
富士インターから車12分
【備考】カフェ利用は中学生以上。
ケーキ類はイートインとテイクアウトで金額が変わる（消費税分）

おすすめ
テイクアウトメニュー

● わすれられない。
極上のチョコテリーヌ　4,200円
カカオ豆から作られたチョコをふんだんに使った贅沢な一品。ホール冷凍なので好きな時に好きな量を楽しめる

チャトラコーヒー

ちゃとらこーひー

　沼津のサンサン通り沿いにあるが、店の外の色あせた看板には「かとう靴店」とある。店内を見回すと、この店の前身である靴屋さんの痕跡があちこちに残る。店主の古谷さんは群馬県桐生市のカフェでコーヒーの経験と知見を重ね、地元である沼津にて店を開いた。店名は古谷さんの愛猫の名前から。でも悪しからず、お店に猫はおりません。

　店の奥にある大きな焙煎機は、浜松市にあったコーヒー屋ポンポンから嫁いできた。この焙煎機を操って、自ら吟味して買い付けた生豆を焙煎する。フルーツのような酸味のある高品質な豆を焙煎し淹れるコーヒーは、澄んだきれいな味がする。

　"コーヒーで穏やかな日常を" と願う古谷さんが淹れるコーヒーは、飲む人の心に寄り添う一杯。どんなに忙しくてもどんなに疲れていても、ひと口飲めばほっとできるはずだ。

ふわふわのフォームミルクにラテアートがかわいい「カフェラテ」550円

1

2

1_お店の看板スイーツ「カスタードプリン」500円。昔ながらのしっかりとした固さとほろ苦さ。2種類の生クリームを合わせたホイップクリームと一緒に口に入れれば、至福の味わい　2_店内に3枚ある鏡やレトロ感のある床材は、かとう靴店から引き継いだもの。棚には、販売しているオリジナルのラテベースやコーヒーを淹れるアイテムなどが並ぶ　3_テーブル席はすべて学校の椅子や机のため、懐かしさが漂う。机の中に手を入れると、教科書や日めくりカレンダーがあるので、眺めるのも楽しい　4_コーヒーの相棒に、チーズケーキやガトーショコラなどのケーキのほか焼き菓子も用意。どれもこの店のパティシエが手作りする。コーヒーとともに楽しみたい

吟味した生豆を自家焙煎した澄んだ味のコーヒーを

チャトラコーヒー

沼津市大手町5丁目4-6かとう靴店跡
℡050-3554-3600
✉8:00〜18:00、土日祝10:00〜17:00
困水曜
Ｐなし
ＨＰhttps://chatoracoffee.com/

【テイクアウト】あり
【クレジットカード】可
【席数】テーブル8席、ベンチ3席
【煙草】全席禁煙
【アクセス】JR沼津駅南口から徒歩約4分

3

4

沼津駅
Ｓしずてつストア
Ｈ・RAKUUN
Ｈ三交イン　Ｈグランド
三井住友信託Ｂ
★　・東電
三菱UFJ Ｂ

Take out

おすすめ
テイクアウトメニュー

● カフェラテ（ICE）

カフェラテ550円はじめ、ホットコーヒー 400円など、ドリンクは基本的にテイクアウトできる

Cafe & Gellery 珈舎

カフェ アンド ギャラリー　かしゃ

長年続く安心感の中で、
コーヒーとシフォンケーキを

店内は高低差があり、足元
に緑が眺められるフロア、
ウォールギャラリーの作品
がよく見えるフロアがある

1_京都から仕入れた豆をお店で挽いたブレンドコーヒー550円と、油脂を使わず軽やかでふわふわなエンジェルシフォン330円　2_桜葉ほうじ茶ミルクティー620円はほんのり塩味、松崎産桜葉の香りがひと味違う。気分を変えたいときにどうぞ　3_店内の壁と、フロアを仕切る飾り棚がギャラリー。棚にはクラフト作品なども並ぶ　4_朗らかなマスターとおっとりしたマダムの人柄もお店の魅力の一部

「うちはね、本当にコーヒーとシフォンケーキだけの店。それで20年」と笑う酒井ご夫妻が営む「珈舎（かしゃ）」は、2023年に20周年を迎えた。沼津御用邸そばの住宅地、緑に囲まれひときわ目立つ黒いモダンな建物のこちらは、確かにシンプルなメニュー構成。ランチもなく、ドリンクとシフォンケーキのみ。

コーヒーのお店にしたきっかけは、気に入った豆を見つけたことと、旅先で出会った器に惚れ込んだことがきっかけだそう。また、この地が家族で訪れていた思い出の場所だったと、いくつもの偶然が重なり開店。それからずっと「同じことをやってきただけ」と言う酒井さんだが、積み重ねてきたものはお店の落ち着いた空気感に溢れている。採光の良い店内は静かで、御用邸からやってくる鳥のさえずりが聞こえ、ゆったりとした時間が流れる。今日もマスターがコーヒーを淹れ、マダムがシフォンケーキを焼く。幾星霜続く営業風景。変わらないものがある安心感。それが長年愛されている理由ではないだろうか。

Cafe & Gellery 珈舎

沼津市下香貫島郷2590-6
☎055-933-2171
✉7:00〜19:00
休火・水曜（祝祭日の場合営業）
🅿8台
🌐https://www.instagram.com/cafe_casha/

【テイクアウト】あり
【クレジットカード】不可
【席数】テーブル20席、カウンター3席
【煙草】全席禁煙
【アクセス】沼津御用邸公園バス停徒歩3分、JR沼津駅から車10分

Take out

おすすめ
テイクアウトメニュー

● ドリップパック5個入り　750円

家でもお店と同じコーヒーが味わえる。ブレンドは3種類。水出し用や豆もあるので、好みに合わせて。もちろんシフォンケーキもテイクアウト可

Konzert

コンツェルト

郊外の隠れ家でウィーン菓子の気品にうっとり

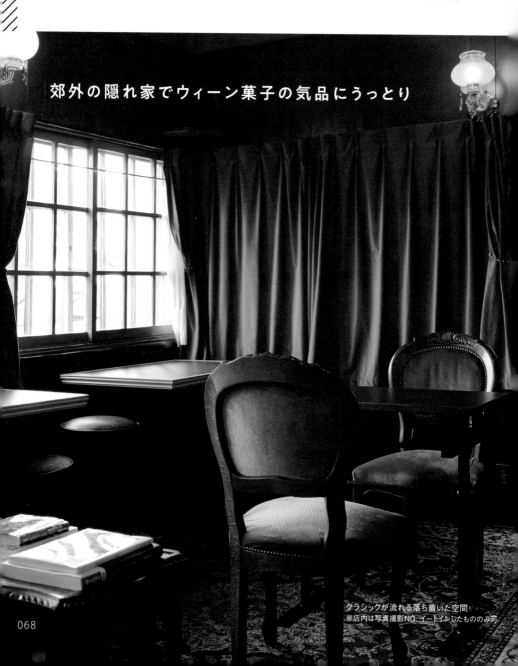

クラシックが流れる落ち着いた空間
※店内は写真撮影NG、イートインしたもののみ可

1_季節の果物を使用したショートケーキ、マラコフ、カスタニエン・シュニッテン、シュトゥルーデル、ドボストルテなどがならぶ　2_作曲家の名が書かれた手づくりのメニュー表　3_ザッハトルテ（730円）とザッハメランジェ（600円）。ザッハメランジェは通常、ウィーンのカフェと同じ形で提供してくれる

Konzert

三島市笹原新田13
☎055-976-1415
✉11:00〜17:00（16:30LO）
休火〜金曜（土〜月曜営業）
P8台
Ⓗhttps://www.instagram.com/cafe_konzert/

【テイクアウト】あり
【クレジットカード】不可
【席数】テーブル10席、ソファ席4名
【煙草】全席禁煙
【アクセス】新東名高速長泉沼津ICより車で15分

Take out

おすすめ
テイクアウトメニュー

オトナな味わい

● インスブルッカー
ラズベリージャムの酸味をアクセントにしたパウンド系チョコレートケーキ。しっとり濃厚なのにほろっ、とした口どけ。400円

箱根につながる国道1号の坂道沿い、ともすれば見落としてしまいそうな場所にポツンとたたずむ、赤い扉が印象的な建物。あたりの景色になじみながらも異国ムードただようこの店は、ケーキを楽しむカフェとして、ウィーン菓子を中心に提供している。外観と同じく赤と緑を基調としたシックな空間、素朴ながらも気品のあるショーケースのケーキたちにうっとり。生菓子を常時5〜6種、焼き菓子7〜8種類をそろえている。

ウィーン菓子のなかでも代表的なザッハトルテは、層に挟んだ杏ジャムの酸味がアクセント。濃厚なのにくどさがなく、さらに無糖の生クリームを添えて上品な味わいに。食感も軽やかで、パクパク食べられる。ドリンクはぜひ、ウィーンのカフェでも提供されている直輸入のブレンドティー「ザッハメランジェ」をご一緒に。異国ムードにひたりながら、優雅なひとときを過ごしたい。

茶釜cafe 169

ちゃがまカフェ いろく

JR片浜駅からほど近くにある「茶釜cafe169」は、一般住宅をリノベーションした和カフェ。普通のお宅にお邪魔する感覚で玄関を開けると、全く想像外の別世界。窓からの光が陰翳を落とす、趣きある空間だ。風情ある和モダンの家具、そこかしこに並ぶアンティーク感ある調度品は、オーナーの亡きお父様の収集品だそう。そんな雰囲気の中で味わうアフタヌーンティーは、予約制のスペシャルメニュー。とても手がかかるため数量限定になっている。内容は、ウェルカムドリンクから始まり和をメインにしたお菓子やデリがなんと15種以上。さらに、このメニューでしか注文できないオプションで、その場で固まるのを待つコーヒーゼリーもあるなど、本当に手が込んでいる。他のフードメニューも手作りの品ばかりで、ドリンクも鉄瓶やポットで給されるなど、時間をかけてゆったりと楽しみたいカフェだ。

ゆとりある店内。壁や床の塗装もオーナー自身の手作業で仕上げられた

和の風情をゆったり楽しむリノベーションカフェ

1_ゴロゴロお肉のボロネーゼソースたっぷり、食べ応えあるもちもちニョッキ。前菜付き1,430円　2_香ばしい焼きおむすび茶漬け1,100円は、たらこなど数種あり。お茶の具合は自分の好みでどうぞ　3_アフタヌーンティーはとてもゴージャス。内容は季節で変化があるのがまた楽しい。ドリンク付き2,500円、オプションのコーヒーゼリーは＋500円　4_店内個室

茶釜cafe 169

沼津市今沢169
☎090-3260-0169
🕙11:00〜16:00
休日〜水曜　🅿6台
🅷🅿https://instagram.com/chagama169

【テイクアウト】あり
【クレジットカード】不可　ペイペイ可
【席数】テーブル16席、カウンター6席、和室2〜3席
【煙草】全席禁煙、外に喫煙所あり
【アクセス】JR片浜駅より徒歩5分、今沢バス停より徒歩1分

おすすめ
テイクアウトメニュー

● お土産用 華あんみつ　680円

人気のあんみつは、自家製の寒天とりんごのコンポート、鯛の最中がポイント。カゴ入りで可愛くラッピングされているのでプレゼントにも

雲上かき氷／UNJYO COFFEE

うんじょうかきごおり　ウンジョーコーヒー

　山宮浅間神社から、富士山スカイライン方面へ県道180号を車で5分ほど進んだ道路沿いにある、氷の旗が目印のかき氷屋さん。50年ほど前、店主の祖父がココで「雲上」というレストランを営み、天然水を掘り起こし雲上水と名付けて販売を始め、現在につながっている。こちらで提供しているかき氷は、富士山から届く雲上水のおいしさを伝えるためのメニューなのだ。シロップは定番から季節限定まで多種多彩。春なら生イチゴを盛った「いちごスペシャル」、夏は桃やイチジク。秋冬でもかぼちゃ、ゆず、ピスタチオなど、その時期にしか楽しめない味覚を求めて訪れる人が多い。天然水による甘さがあるため、素氷を好む人もいるそう。地元「いでぼく」の生乳で手づくりしている練乳「のみ」も人気で、製造に手間がかかるため、夏季はメニューから外しているほど。天然のカフェスペースで、天然水で淹れるコーヒーと一緒に、お気に入りの一品を堪能しよう。

「いちご練乳」950円。氷は見た目も食感もふわふわ。通常メニューではほかに「抹茶練乳」や「和三蜜糖きなこ」も人気

1

富士山の恵みを凝縮したふわふわかき氷

1_富士山麓の森に囲まれたテラス席が気持ちいい。コンテナを活かした室内スペースもある　2_富士山をイメージしたブルーハワイ練乳の「富士山かき氷」700円。子どもや外国人観光客に人気　3_席で待ち、呼び出しベルが鳴ったら受け取りに行く形

水も販売しています

3

雲上かき氷／UNJYO COFFEE

富士宮市山宮3362-1
☎0544-58-7898
✉10:00～17:00、火曜のみ12:00～
休日曜
Ⓟ約15台
⊞http://www.unjo-sui.com

【テイクアウト】あり
【クレジットカード】不可
【席数】室内テーブル15席、テラス約30席
【煙草】全禁煙
【アクセス】新東名高速新富士ICより車で約20分

Take out

おすすめ
テイクアウトメニュー

● 雲上水で淹れたコーヒー

ホットコーヒーは静岡市の自家焙煎店「鳥仙珈琲」の豆を使用。確かな品質のコーヒーとおいしい天然水のコラボは至福の一杯。500円

CAFE NAMAKEMONO

カフェナマケモノ

　修善寺道路大仁南ICからすぐ、国道414号を狩野川方面へ一本折れた通り沿い。果物やハーブが実る菜園に面した個性的な建物で、タイミングが合えば看板猫も出迎えてくれる。

　ナマケモノとは名ばかりに、カフェスペースは店主とその家族しながらDIYを駆使しながら作りあげ、料理やデザートに使用している食材も、自家菜園からまかなっているものが多いそう。ココからすぐ近くには自家栽培の稲畑もあり、食農連携をキーワードに、無農薬農業にも励んでいる。「メニューも全部オリジナルで。試行錯誤だけれど、おいしいね、なんて会話が聞こえてくるとうれしい」と語る店主が作るランチは、カレーやドリアなど数種類からメインを選ぶ形。5〜6種類から選べるドリンクも自家栽培の果物を活かしたフレッシュジュース、藤枝・水車むらの紅茶など、オーガニックを基本にそろえている。手づくりの温もりを感じながら、自然の恵みいっぱいのやさしい味を堪能したい。

場所がわかりづらいので最初の来訪は時間に余裕をもって。天候が良ければ菜園前のテラスも心地がいい

1　2　3

手づくりの温もりいっぱいのオーガニックカフェ

1_ランチメニューのメインより、三島産のもち豚とナスのトマト煮込み。前菜とドリンク付きで1,300円。+200円でデザートも付けられる
2_自家製いちじくを使用したケーキ。ドリンクとのセットで780円
3_テラスでは看板猫の姿も

CAFE NAMAKEMONO

伊豆の国市吉田126
☎055-876-2796
✉11:00～18:00（ランチ～14:00）
休月曜　P8台
HP https://www.facebook.com/cafe.namakemono.izu/

【テイクアウト】なし（ジャムのみ可）
【クレジットカード】不可
【席数】テーブル16席、カウンター4席、テラス6席
【煙草】禁煙、テラスのみ喫煙可
【アクセス】伊豆箱根鉄道大仁駅より徒歩15分

村田内科
マクドナルド
あおきクリニック
大仁南IC　大仁高
東芝テック

Take out

おすすめ
テイクアウトメニュー

季節によって
いろいろ

● 手づくりジャム各種

自家菜園にて、その時期で採れる無農薬の果物を使ってジャムの製造販売も。写真は「いちごジャム」と「あんずジャム」、各600円

Choud Lamer

ショーラメール

　フランス語で"皿盛りのデザート"を意味する、その場で仕上げるデザート「アシェット・デセール」をコース仕立てで堪能できるのがこちら。オーナーパティシエの福岡さんは、作りたてならではの美味しさや繊細さを知ってもらいたい、とホテルレストランから独立してお店をオープン。旬のフルーツを素材にその場で土台から組み立て、ソースなどを盛り付けて見た目も美しいデザートに仕上げる。できたてのフ

レッシュさが醍醐味のため、スポンジなどのパーツも作り置きをせず当日作るという。持ち帰りのケーキでは実現できない「いちばん美味しい瞬間」を描き出している。1皿の中に味の緩急があり、同じソルベでも食感が変わるため全く食べ飽きない。クリームなどは形を保つぎりぎりのところで仕上げているので、まさにとろけてしまう。感覚を刺激する、官能的なデザートコースをぜひ味わってみてほしい。

フレンチのコースと同じように、前菜的な2皿、メイン、小菓子と続くコース・セゾン3,000円。2品のコース・シンプル1,500円もある

1_最大限に素材を活かすため甘みも極力控え、フルーツそのものを食べているかのよう。ナイフを入れるとまた新たな驚きがある。フルーツは2ヶ月ほどで変わる　2_ブラウンで統一されたシックなインテリアの中、障子窓に坪庭が見え和のエスプリも　3_焼き菓子ひとつとっても食感が楽しい。ポットサービスの紅茶はマリアージュフレール。アールグレイ660円

その場で作り上げる、
官能的な皿盛りデザートコース

Choud Lamer

熱海市桜町18-9
⤵0557-48-7797
✉11:00〜19:00
休火・水曜　🅿3台
🅷🅿https://choudlamer.owst.jp

【テイクアウト】あり
【クレジットカード】可
【席数】テーブル20席
【煙草】全席禁煙
【アクセス】大石原バス停すぐ
【備考】コース・セゾンは要予約。
イートインはワンドリンク制

Take out

おすすめ
テイクアウトメニュー

● シューアラクレーム　300円
手頃な価格で親しみやすいシュークリームも本格フランス菓子仕様。お持たせにはロールケーキなども人気

cafe musica

カフェムシカ

　1階が「くらべ建築工房」の事務所となっている建物2階のスペースで、螺旋階段を登った先はなんと、2階なのに土間。ちょうど上がった時の視線の先には、川を挟んだ向かいにある寺の大きな鐘楼が見える。反対側の一室は一段低くなっており、窓を席より低く配置。外から見えない仕組みだ。「隠れ家のようにしたかったから」と、店主の日吉さん。デンマークのYチェア、2023年に配置したペレットストーブなど、造りから家具までとことんこだわり抜いている。

　「不思議とまた食べたくなる記憶に残るような料理」が日吉さんのコンセプト。一人で切り盛りしていながらメニューが多彩なことにまず驚く。パスタ、カレー、ドリア、ピザなど、どの時間帯に訪れてもかわりなくオーダーできるのもうれしい。提供までに時間はかかるので、気に入った席で本でも読みながらのんびり待ちたい。

ハンズ・ウェグナーやオーレ・ギヤレフ・クヌードセンのデザイン家具を配した心地よさ抜群のカフェ。2023年には新しくペレットストーブも配置した

1_自家製チョコレートソースで味わう「バナナとチョコのおいしいパイ」800円　2_色の変化を楽しめるハーブティー「アイスバタフライピー」600円

こだわり抜いた空間で
「また食べたくなる味」を

cafe musica

富士市吉原3-4-12
☎0545-53-3565
✉12:00-17:00
困水・木曜(第3水曜は営業)
Ｐなし
ＨＰなし

【テイクアウト】なし
【クレジットカード】不可
【席数】テーブル6席、テラス2席、ソファ席4名
【煙草】全席禁煙
【アクセス】岳南鉄道吉原本町駅より徒歩10分

 おすすめメニュー

● 黄金のカルボナーラ　1,000円

● コブドレサラダピザ　1,000円

● 才色兼備のチキンカレー
　　　　　　　　　　1,200円

● 焼きバナナ（バニラアイス）
　　　　　　　　　　600円

伊豆の国市

LUMBER

ランバー

オープンエアが気持ちいい!
シェアキッチンスタイルのカフェ

バンズもパテも手作りの「ハンバーガー」
1,300円(ドリンク付き1,500円)。オリジ
ナルのトマトソースと肉感あふれるパテ
のコンビが正統派のハンバーガーだ

1_店主は建設会社のオーナーでもあるため、材木を意味する「Lumber」が店名となった　2_「カヌレ」300円は火～木曜と土曜日に1日10個のみ販売。同じ曜日には、あんバターサンド300円やホットドッグ、チリドッグ（各550円）も味わえる　3_キッチンの裏手にメダカやグリーンを育てているスペースがある

LUMBER

伊豆の国市長岡925
℡なし
🕐10:00～16:00（月・金曜11:00～16:00）
休日曜
🅿6台
🏠https://www.instagram.com/lumber_kr/

【テイクアウト】あり
【クレジットカード】不可
【席数】カウンター席6席、テーブル席4席
【煙草】全席禁煙（喫煙スペースあり）
【アクセス】伊豆中央道伊豆長岡ICから車で約5分
伊豆箱根鉄道駿豆線伊豆長岡駅から車で約6分

おすすめ
テイクアウトメニュー

● 焼き菓子

営業日にはあづささんが作る焼き菓子（300円～）が並ぶ。焼き菓子の種類は、毎週のお楽しみ！

日によってキッチンに立つ人が変わる、シェアキッチンスタイルのカフェスタンド。月曜と金曜日は、沼津にある「ロータス スイーツ」の店主・古西あづささんが作るハンバーガーを味わえる。火～木曜と土曜日は、この店の店長でパティシエの小松朝美さんが作るカヌレやタコライス、ホットドッグなどが並ぶ。

伊豆長岡にあるコンクリート製造会社の会議室兼社員の休憩スペースをリノベーションする際に、敷地内に一般客も利用できるカフェスタンドをオープンした。コンクリートと木材、グリーンが並ぶナチュラルな雰囲気のコーヒースタンドには、ご近所さんのほか、伊豆長岡に観光に訪れる人びともやってくる。オープンな空間のため、わんこを連れて行くのもOK。リゾートのラフな空気感が漂い、空を眺めながら気持ちよく過ごせる。

Onigiri Daruma

オニギリ ダルマ

源兵衛川にかかる時の鐘橋のたもとにある。店主が子どもの頃の思い出に残る、白米の袋に描かれただるまの絵が店名の由来。

おにぎりは、山形県産のつや姫ともち麦を一緒に炊いた米で握る。鮭や昆布、明太子などの定番からエスニック風のガパおにぎりのような個性派まで、全部で30種類。お味噌汁や出汁巻き玉子、静岡緑茶など、おにぎりに合うサイドメニューやドリンクもある。

ウクレレ屋でもあり、店頭には色も大きさもさまざまなウクレレが並ぶ。楽器の販売のほか修理にも対応。2022年7月のオープン以来じわじわと知名度が上がり、全国からウクレレファンが集まる店に。月1回程度の頻度で催すウクレレ奏者によるインストアライブでは、店内がウクレレと歌声に包まれる。お酒を片手に音楽を楽しみ、ウクレレについて語らうひとときを過ごせる。

お米好き・音楽好きが集う
川沿いのおにぎりカフェ

1_「DARUMA Plate」は好きなおにぎりの料金にプラス1,000円で味わえる。オーダーできるのは11:00〜閉店まで。選べるおかず、出汁巻き玉子、サラダ、副菜、漬物、味噌汁がセットになっている。おかずは、唐揚げ、鯖のみりん干し、春巻きから1つ選べる。写真のおにぎりは「漬け卵黄」200円、「焼きチーズ」200円。おかずは唐揚げをチョイス。プレートをオーダーすると、1つにつき1杯、アルコール以外のドリンクが100円引きとなる 2_猫の形をしたごはんが器の中にちんまりと座る「猫茶漬け」680円。熱々の出汁を注いで食べる。別添えのワサビ、海苔、あられはお好みで。ご飯の具は、梅、鮭、おかか、昆布、明太子から1つ選べる 3_夏になると味わえるかき氷。「ティラミス」780円は深入りDarumaブレンドの苦みとクリームソースのまったりとした甘みが、口のなかで氷が溶けると同時にマリアージュする

Onigiri Daruma

三島市広小路町12-16
☎055-957-5322
✉8:00〜20:00(LO19:30)
土日祝11:00〜20:00(LO19:30)
困木曜(祝日の場合振替)
Ⓟなし
🌐https://www.instagram.com/
onigiri_daruma/

【テイクアウト】あり
【クレジットカード】可
【席数】テーブル14席、テラス2席
【煙草】全席禁煙
【アクセス】伊豆箱根鉄道駿豆線
三島広小路駅から徒歩約3分

おすすめ
テイクアウトメニュー

● 大葉みそ 150円

● りんご梅 200円

● いぶりがっこチーズ 230円

● ガパおにぎり 300円

おにぎりやお弁当などはテイクアウトOK。

FLEURAI4

フルールライヨン

　長泉町の町役場近くの路地を入りさらに奥まった場所にある「FREURAI4」さんは、お花屋さんの中にあるという珍しいカフェ。倉庫風の建物の扉を開けると、まず目に飛び込むのはいっぱいのドライフラワー。その先がカフェだ。

　落ち着いたナチュラルな雰囲気のこちらは、三島の人気居酒屋RAI4の系列だけあってフードメニューが充実。人気のハンバーガーは、牛肉100%の手ごねパティにオリジナルのバンズ。野菜もたっぷり挟まっていて、ハンバーガーながら栄養バランスもばっちりだ。三島野菜の美味しさを知ってほしいと食べ放題のバーニャカウダセットもあり、カフェといえどお腹いっぱいになるランチができる。

　デザートもパンケーキやフレンチトーストとボリュームあるものが多く、ドリンクもコーヒーからアルコールまでバラエティ豊か。雰囲気だけでなく、味も量も満足の時間を過ごせるだろう。

天井が高く奥行きもある、広々としたゆったり空間

1　2　3

ナチュラルシックな空間でボリュームあるランチが楽しめる

1_ポテトもついて食べ応え充分のイールバーガー、ドリンク付き1,540円。自家製生姜シロップを使ったジンジャーエールは辛味も少なく飲みやすい　2_お花屋さんに併設のため、ドライフラワーやグリーンがいたるところに。販売もしている　3_アンバーがかった暖かみのある照明が印象的

FLEURAI4

駿東郡長泉町中土狩813-20
☎055-941-6665
✉10:00〜17:00(ラストオーダー16:00)
休水曜　不定休あり※イベント時
Ｐあり5台　臨時駐車場有り3〜5台
HP https://www.instagram.com/fleurai4

【テイクアウト】あり
【クレジットカード】可
【席数】テーブル18席
【煙草】外に喫煙所あり
【アクセス】長泉なめり駅より車5分

おすすめ
テイクアウトメニュー

● マカダミアンバニラフラッペ　715円

フラッペには珍しいマカダミアナッツ味でクリームやシロップも多く入り、シェイクのような味わいなので冬でもおすすめ

NewStand⁺

ニュースタンドプラス

　インターネットでビジネス＆カルチャーニュースを発信する「沼津経済新聞」が運営する。編集者・取材記者の榎さんと宮川さんが、ネットニュースを紙の新聞にして発行する新聞店として2023年7月にオープンした。

　ショーケースに並ぶメニューは日替わり。パンもサンドイッチもスイーツも全部、取材活動を通じて見つけたものだ。お昼どきは日替わりスープが、沼津の名店たちから届く。中には、この店のためだけに作るオリジナルのものもある。持参のスープジャーに入れてくれるのがエコフレンドリーでうれしい。

　現在は15店ほどが出店・出品しているけれどこれからますます増えていくし、2024年には店内の改装が完了する予定だ。次々に進化するその姿は"大手町のサグラダ・ファミリア"の異名を取るほど。いつ行ってもワクワクできる、沼津駅近くの新名所だ。

函南町から出店する「たけみごはん」のおむすびは、ランチタイムに手にする人が多く、早々に売り切れてしまう大人気商品

1

2

1_キューブ型のフルーツサンドは、沼津港にある「iiRA」のもの　2_沼津にあるパン屋さん「moppel」のパンもこちらで買える　3_100年以上にわたり伊豆産の生乳を使って牛乳を作る大木乳業のおおき牛乳。ピックを使って自分でふたを開けるのも楽しい　4_野菜と果実のピクルスやところてんなど、お土産にピッタリなアイテムも並ぶ

沼津の美味しいものが並ぶ
新聞屋さんのセレクトショップ

3

4

NewStand⁺

沼津市大手町4-5-3
☎055-916-2713
🕙10:00〜18:00
休土・日曜・祝日　Ｐなし
🔗https://www.instagram.com/newstand_numazu/

【テイクアウト】あり
【クレジットカード】可
【煙草】全席禁煙
【アクセス】沼津駅南口から徒歩6分

Take out

**おすすめ
テイクアウトメニュー**

● 新聞ブレンド
近所にあるカフェ「チャトラコーヒー」がNewStandのために作ったオリジナルブレンド。400円

pikiniki

ピキニキ

浄蓮の滝のすぐそばにある、コーヒーとサンドイッチがおいしいカフェ。

断面がカラフルなサンドイッチは、定番が6種類。ソースや素材の組み合わせを試行錯誤するうちに、今のラインナップに落ち着いたそう。注文ごとに作るからできたてを食べられる。天然酵母のカンパーニュをはじめ、ピーマンジャムやキウイソース、ベーコンはすべて自家製。「スパイシーチキン」にサンドする鶏肉は、韓国仕込みのオリジナルソースで漬け込んでグリルしており本場の味だ。

コーヒーはニュージーランド・オークランド発のロースタリー「Allpress Espresso」の豆を使用。熱風式焙煎する最高品質のコーヒー豆を、天城の清らかな水で淹れた贅沢な一杯だ。サンドイッチもコーヒーもすべてこの店でしか味わえないから、ついつい足を伸ばしたくなる。

「BLT」1,300円。自家製ベーコンとオリジナルのキウイソースの甘みと酸味が引き立て合う、唯一無二の味のサンドイッチ。サンドイッチに使用するカンパーニュは自家製で、プレーンとブラックペッパーの2種類から選べる。小さな瓶に入った自家製ピクルスと一緒にかごに入っていて、そのままピクニックグラウンドへ持ち出せる

1_「カフェモカ（HOT）」660円は、エスプレッソ、チョコレート、スチームミルク、ミルクフォームの組み合わせ。ふわっふわのミルクフォームに描かれたラテアートがかわいい　2_店主がDIYした店内は落ち着ける雰囲気。壁に掛けられた写真は、写真家である店主の作品。ウェディングなどのポートレートや料理など、撮影の相談もできる　3_pikinikiとは、ニュージーランドの先住民・マオリ族の言葉でピクニックを意味する言葉。カフェの店内で購入したかごに入ったサンドイッチとドリンクを携えて、併設のピクニックグラウンドでピクニックができる　4_カフェで1人1ドリンクとサンドイッチのオーダーを済ませたら、ピクニックグラウンドへGO！

緑豊かなピクニックグラウンドで、
コーヒーとサンドイッチを

pikiniki

伊豆市湯ヶ島2860-2
℡0558-79-3532
✉11:00〜16:00
㊡水・木曜　Ⓟ14台
🏠https://www.pikinikicafe.com/
【テイクアウト】あり
【クレジットカード】不可
【席数】テーブル12席、テラス10席
【煙草】全席禁煙
【アクセス】伊豆箱根鉄道駿豆線修善寺駅から
東海バス天城線岩尾バス停下車すぐ。
伊豆縦貫道月ヶ瀬ICから車で約15分

Take out

おすすめ
テイクアウトメニュー

● サンドイッチ各種

サンドイッチ1,200〜1,650円のほか、
ドリンク類もすべてテイクアウトできる

スペシャルティコーヒーの店
coffee tendre

コーヒータンドル

スペシャルティコーヒーとは、高品質で生産者が明確、その特徴的な風味特性が表現されているコーヒーのこと。まだそれが一般的ではなかった2015年のオープンからずっとスペシャルティ一筋のこちらでは、4大陸×4種の豆が季節替わりで用意されている。どれにするか迷ってしまいそうだが、自分の好みを見つけるチャートも用意されており、何よりマスターに聞けば話しながらぴったりの一品を選んでくれるので安心だ。豆は鮮度を保つため、開封から1ヶ月で入れ替えるという。それも、いつでも美味しいコーヒーを味わってもらいたいから。お客さんを思うホスピタリティは様々なところに表れていて、コーヒーの飲み比べやミニサイズのおかわりができたり、ケーキなどにハーフサイズがある気遣いも嬉しい。フランス語で「優しい、柔らかい」という店名通りの心地よい空間で、じっくりとコーヒーを味わいたい。

まろやかな味わいのコーヒーは鮮度と品質あってこそ。
100種以上のカップから好きなものを選べるのも嬉しい

1_コーヒーとミルクを自分で注いで、好みの配分にできるカフェオレ。約2杯分あるのでたっぷりと楽しめる　セゾンカフェオレ700円　2_高さにびっくりするが、直径7センチと小ぶりで甘さ控えめなのでするりと食べられる、もちもちのパンケーキ。1枚から注文可　タンドルタワー（7枚重ね）880円　3_家具も柔らかな印象。ゆったりと身体を預けてリラックスできる椅子席　4_たくさんの豆が並ぶカウンターで、マスターとコーヒー談義も楽しい

高品質の美味しいコーヒーと過ごす、
心地よい時間

スペシャルティコーヒーの店
coffee tendre

沼津市吉田町15-15
☏055-913-7298
◷10:00〜18:00
㊡水・木曜
㊟5台
⌂http://www.coffee-tendre.com/

【テイクアウト】あり
【クレジットカード】可
【席数】テーブル14席、カウンター5席
【煙草】全席禁煙
【アクセス】沼津駅から徒歩15分、車5分。
二本松バス停から徒歩4分

Take out

おすすめ
テイクアウトメニュー

●パニーニ　760円

7種類から具が選べるパニーニ、
ひとくちスープ付きなのも嬉しい。
もちろん好みのコーヒーと一緒に

小山町

山下珈琲

やましたコーヒー

小山町の新名所。
商店街にある自家焙煎のコーヒースタンド

コーヒー（HOT）Sサイズ280円、Lサイズ380円。チョコレートをイートインする場合、1枚ずつオーダーできる（1枚120円、2枚220円、3枚300円）。ドリンクメニューはすべてテイクアウトできる

精肉店の揚げ物コーナーを改装して店を構えたのが山下珈琲の始まり。建物を建て替えオープンしたのは2023年4月のことだ。テイクアウトは道沿いにある小窓から。庭に面したドアから入れば店内でゆったり過ごせる。

　カウンターの向こうには焙煎機があり、店主が焙煎した豆を使いハンドドリップで一杯ずつ淹れる。基本となるメニューはコーヒーだ。数種類あるコーヒー豆から好きなものを選べる。もちろん、コーヒーに詳しくなくても大丈夫。好みの味を伝えると、その味に近い豆を選んでくれるから安心だ。

　コーヒー豆の購入も可能だ。浅煎りから深入りまで8段階から焙煎度合いを指定して注文することもできる。気さくな人柄の店主との会話が弾むから、コーヒーと共にゆっくりしたい方も、コーヒーをより身近に感じたい方も、きっと楽しい時間を過ごせる。

ソファ席もあり、のんびり過ごせる

1_「カフェトニック」480円は夏に味わえるメニュー。トニックウォーターにレモン、デミタスコーヒーを合わせており、苦みの中に爽やかさがある。新鮮な味わいだ　2_店主の山下さんは、アパレル業界から大手コーヒーショップチェーンへの転職をきっかけにコーヒーの世界へ。多くの経験・知見を重ねて小山町に移住し山下珈琲をオープンした　3_冬になると薪ストーブに火が入る。無垢材の温もりある空間と相まって、心も身体もほっこりほどける

Take out

おすすめ
テイクアウトメニュー

● カカオハンターズの
　チョコレート

同じ産地のカカオだけを使って作られるチョコレートは、1袋700円。コーヒーとチョコレートとのマリアージュを楽しみたい。

山下珈琲

駿東郡小山町藤曲54-91
☎090-9555-4969
✉9:00～17:00
休水・土曜
Ⓟなし
🅷🅿https://www.yamashitacoffee.com/

【テイクアウト】あり
【クレジットカード】不可
【席数】テーブル12席、テラス2席
【煙草】全席禁煙
【アクセス】JR御殿場線駿河小山駅から徒歩約10分、東名高速道路足柄スマートICから車で約13分

和栗菓子kiito-生糸-

わぐりかし　きいと

和栗そのものをペアリングで味わう、
優雅なひととき

栗の風味を生かしたモンブランに
はシャンパーニュもよく合う(セッ
ト料金にプラス840円)。モンブ
ランは小さめサイズの「繭」もある

熱海の中心地・熱海銀座に位置するこちらは熱海の老舗旅館と京都の和栗専門店がプロデュースした、純国産和栗のモンブラン専門店。オーダーが入ると、土台となるメレンゲをオーブンから取り出すところから始まる。そこにクリームや栗を乗せていき、栗ペーストが1mmの極細で絞り出される。その場で仕上げる、とても繊細なモンブランだ。

　見た目はとてもボリューミーだが、栗ペーストは生クリームを使用しておらず、和栗そのものの甘さなので重さもなく食べ進められる。そこにペアリングドリンクを口に含めば、至福のひととき。生糸モンブランセット2,200円のセットドリンクは静岡のお茶を始め7種ほどあり、どれもペアリングのポイントが記載されているので好みでチョイスできる。プラス料金だがワインもあり、大人の贅沢として嗜むのも楽しい。絹のようにふわりとした和栗を味わえる、優雅な時間だ。

和栗菓子kiito-生糸-

熱海市銀座町 8-9
☎0557-52-3551
✉10:00〜17:00
休無休
Ｐなし
HPhttps://www.waguri-kiito.com/
【テイクアウト】あり
【クレジットカード】可
【席数】テーブル16席、カウンター5席
【煙草】全席禁煙
【アクセス】JR熱海駅から徒歩12分
【備考】繁忙期、混雑時は整理券
受付の上で入店

1_専用のマシンで絞り出される和栗ペースト。空気を含んで軽やかにまとわせる
2_和のテイストがありつつラグジュアリーな内装で、とても優雅な気分になれる店内
3_メレンゲは6時間かけて焼成し、極力まで水分を抜くためサクサク食感

おすすめ
テイクアウトメニュー

● 季節のモンブランソフト　1,250円

月毎で変わる旬のフルーツを使ったソフトクリームの上にモンブランが乗って、2重のおいしさ。こちらはテイクアウト限定商品

cafe 古時計

カフェふるどけい

富士山の麓にある閑静な住宅街のなか、自宅の客間をカフェスペースにして営んでいる、隠れ家的なカフェレストラン。エントランスには看板とともに店主の表札もあり、一瞬入店をためらいそうなほど、ご自宅そのままという店構えだ。室内からは梅や桜、藤棚など緑いっぱいの庭園を眺められる。発信はインスタグラムのみで特に宣伝もしていないため、店主の作る手料理のおいしさをクチコミで知った人が訪れているよう。

評判の料理は、鉄鍋で提供するハンバーグがメインの「ハンバーグ御膳」。やわらかく肉汁たっぷりのハンバーグに、味わい豊かなソースがからんで箸が進む。ごはんはおかわりできるので、ソースをごはんにかけて食べる人も多いそう。じっくり7時間炊き込んだ酵素玄米のごはんセットやナポリタンも人気。アットホームな雰囲気と窓越しの景色に癒されながら、おいしい手料理をゆっくり堪能したい。

庭園に面した、ジャズが流れる落ち着いた空間。
店名の由来となっている古時計は計5台ほどある

緑豊かな庭園を抱く
アットホームな一軒家カフェ

1_自家製かぼちゃのケーキと自家手焙煎の
コーヒー。ケーキはほかにリンゴのタルト、
ガトーショコラなどがある　2_ボリューミーな
「ハンバーグ御膳」、150g1,800円、200gで
2,200円。伊豆みそで漬けたぬか漬けなどつ
け合わせもおいしい　3_四季折々に美しい
庭園。食後は散策もできる

cafe 古時計

富士市大渕100-18
☎0545-35-5255
✉11:00-14:00(LO)、木～土曜のみ前日
までの予約制でディナー（17:00～20:00LO）
🈺日・月曜、祝日　🅿8台
🆎https://www.instagram.com/
cafefrudokei/?hl=ja
【テイクアウト】なし
【クレジットカード】不可
【席数】テーブル18席
【煙草】全席禁煙
【アクセス】新東名高速新富士ICより車で5分

おすすめメニュー

● 酵素玄米和膳　1,500円
● 古時計風 ナポリタン　1,500円
● ケーキセット　1,050円
※食事とセットの場合は250円引

至福のフルーツパフェ物語

しふくのフルーツパフェものがたり

みずみずしい旬の果実が彩る
幸せのパフェ

「至福のフルーツパフェ」1,980
円。季節のフルーツに無添加
の朝霧高原ミルクソフト、自家
製キャラメル、季節のブラマン
ジェなどを贅沢に盛った一品

※季節により使用するフルーツ等変わるため、写真はイメージです。

のどかな田園風景が広がる富士市中里。県東部で家づくりを手がける住宅会社「エコフィールド」の創造空間「esora」内のカフェで、大きな窓越しには富士山を望める。自然を活かした、木のぬくもりに包まれた空間は、開放感もあって心地いい。

店主の田嶋みゆりさんは地元で「デリス愛鷹亭」という、地産地消のフレンチ・レストランを20年以上営みながら、地域プロジェクトの一環でピロシキ店の商品開発を担うなど、精力的に活動してきた。天然自家製酵母パンの講師も務め、この施設でも明るい接客で人気を呼んでいる。看板メニューは店名の通り。地元で採れる旬のフルーツを活かしたパフェは見た目も贅沢感いっぱい。「その時その土地にあるものを取ることが人にとっていちばん」と語る田嶋さん。今まで培った農家との繋がりも濃く、朝摘んできた果物をそのまま使うことも多いそう。ここでしか味わえない、みずみずしいおいしさをぜひ試してみて。

1_薪ストーブのある、自然との一体感を感じられる店内
2_「愛鷹牛の大人の煮込みハンバーグ」、もち麦ごはん付き1,518円。デリス愛鷹亭仕込み

至福のフルーツパフェ物語

富士市中里2591-10
エコフィールド「esora」内
📞080-4367-5622
🕐11:30～16:00（LO15:30）
18:00～は完全予約制
休月曜　P10台
🈯インスタ https://www.instagram.com/esora1207/
【テイクアウト】あり
【クレジットカード】不可
【席数】テーブル28席
【煙草】全席禁煙
【アクセス】
JR東田子の浦駅より車で5分

おすすめ
テイクアウトメニュー

● ブッダボウル

隠れた人気の一品。体のなかから元気になる、ヘルシーな食材を詰めこんだサラダごはん。無農薬にんじんドレッシング使用、1,328円

23種の食材
もりもり！

カフェサンク

カフェサンク

　沼津駅近くの雑居ビル、ここにカフェ?と思うような佇まい。「営業中」と書かれた案内を頼りに階段を上がると、踊り場の壁に大きくお店のロゴが。そしてドアを開けるとシックな雰囲気のカフェが現れる。立地のせいか「見つけた」感が高い。元ホテルパティシエであった奥村さんが一人で切り盛りされるこちらは、2022年に開店したばかりで、日替わりのケーキがなんと400円から!今どき考えられないほどリーズナブルなお菓子は、気軽に食べてほしいとの想いがある。さらに、子どもにも安心なようにと添加物不使用、生クリームは手に入る中でなるべく良いものを使うなど素材も気遣っている。大きさも手ごろで甘さ控えめのケーキは軽やかな味わいで、キッシュランチプレートの後に数種オーダーされる方も。ラム酒やシロップ漬けフルーツのフィリング、固めのプリンなどどこか懐かしい味わいのお菓子も多く、隠れ家でおやつを食べた子どもの頃のような楽しい気持ちになれる。

ケーキは2種類以上オーダーすると盛り合わせにしてくれる。メロンショート400円、パッションフルーツのムース450円。ドリンクは別注文、コーヒー450円

1_大きな窓にウッディなテーブル&チェアでくつろげる店内　2_ショーケースには5種類以上のケーキが並ぶようにしているそう　3_焼き菓子も常時多種の取り揃え　4_店舗隣にある工房で奥村さんが毎日焼き上げるお菓子

どこか懐かしいケーキが並ぶ
隠れ家カフェ

カフェサンク

沼津市添地町 73 大興ビル2F
☎055-957-2992
🕐11:30～20:00
休水曜
🅿なし
🌐https://www.instagram.com/cafe_cinq_1210/

【テイクアウト】あり
【クレジットカード】不可
【席数】テーブル14席
【煙草】全席禁煙
【アクセス】JR沼津駅徒歩5分

Take out

おすすめ
テイクアウトメニュー

●パウンドケーキ300円
●ブルトン400円
●レモンケーキ400円

小ぶりな焼き菓子類は家でのおやつにぴったり。日持ちするので、お土産にも。

Roku cafe

ロクカフェ

　観葉植物店、フラワーショップなどのテナントがワンフロアに入っている商業施設「ネクストホエール青葉町」内の一軒。富士市を拠点とする住宅会社「芦工匠（ろくしょう）」プロデュースのカフェで、モーニングからランチタイム、カフェタイムまで通しで営んでいる。花の香りと木のぬくもりに包まれた空間が心地いい。

　モーニングでは惣菜を添えた食事系ワッフル、ランチタイムはオムライスがメイン。オムライスはごはんにふわとろたまごを乗せるタイプと、ごはんに乗せたオムレツをナイフで開くタイプ、昔ながらのたまごでごはんを包むタイプの計3種類から選べる。さらにソースも豚の角煮をのせたデミグラスソース、モッツァレラチーズのトマトソース、トマトクリームソースなど、数種類からセレクトできるのがうれしい。食事メニューは開店からランチタイムまでなので、タイミングを逃さず訪れたい。季節ごとに変わる多彩なスイーツも見逃せない。

ハンギング・ドライフラワーが印象的なカフェスペース。テーブルは高いものと低めのものを備えている

お好みのタイプを選べる絶品オムライス

1_ほどよい甘さのデミグラスソースに、ほろほろとした角煮の旨みがたまらない。「豚の角煮ふわとろオムライス」1,320円。サラダ、スープ、ドリンク付　2_外側をこんがり焼いた「バスクチーズケーキ」。ほかデザートは焼きたてワッフルも人気　3_明るく開放的な空間。ラインタイムでもケーキやドリンクのみオーダーもOK

Roku cafe

富士市青葉町305
☎0545-67-8090
✉モーニング9:00～11:00、ランチ11:00
～14:00、カフェタイム14:00～18:00
㊡不定休　Ｐネクストホエール青葉町P利用
HPhttps://www.instagram.com/roku_cafe_/?hl=ja

【テイクアウト】あり
【クレジットカード】不可
【席数】テーブル30席
【煙草】全席禁煙
【アクセス】東名高速富士ICより車で5分

Take out

イートインも
OK

おすすめ
テイクアウトメニュー

● 焼き菓子各種
「ニコニコバニラクッキー」「ニコニコココ
アクッキー」各270円。ほかいちご・ココア・
きなこのスノーボールなど焼き菓子も豊富

佐野製茶所サロン

さのせいちゃじょサロン

富士山と茶畑の爽やかな風景を眺めながら、
清涼な一服を

茶曹達（ソーダ）600
円。粉末茶のソーダ
割りはほんのり甘味
でごくごく飲める

富士市の岩本山付近、茶畑の広がる一角にある佐野製茶所。3代続くこちらのお茶屋さんでは、栽培から製茶まで自家製のお茶をいただけるサロンがある。

一口にお茶と言っても、茶葉の位置や摘む時期で味も変わり、それぞれの特徴を生かしてブレンドされている。土づくりの工夫や減農薬にも取り組み、日本茶アワードなどでも受賞評価されているこだわりのお茶だ。

サロンでは、上煎茶、ほうじ茶、玄米茶は自分で淹れて飲むスタイル。淹れ方がわからない場合はもちろん丁寧に教えていただける。お湯はボトルでたっぷり給されるので、一煎目からの味の変化もよくわかり、心ゆくまでお茶を味わえる。

時間と手間をかけて丁寧に淹れた一服は、目の前の大自然とともに爽やかに心をほぐしてくれる。すべてのドリンクに季節ごと全国各地から取り寄せているお菓子もついているので、ゆったりとしたひとときが過ごせるだろう。

1_茶畑を吹き抜ける風を感じるテラス席。富士山もよく見える　2_眼前には、茶の木の緑が大きな窓いっぱいに広がる　3_柔らかな若い茶葉をメインにブレンドした上煎茶600円は、旨みも強くコクがある。お茶には和菓子という固定概念を越えて楽しんでほしいと、洋菓子を合わせている

佐野製茶所サロン

富士市岩本816-3
☎0545-64-2288
✉平日9〜17:00、土日祝10〜17:00
㊡月曜、第2火曜
🅿5台　第2駐車場あり
🌐https://sanoseichajo.com
【テイクアウト】
夏季のみアイスドリンクあり
【クレジットカード】可
【席数】テーブル9席、カウンター3席
テラス8席
【煙草】全席禁煙
【アクセス】富士川インターより車15分
JR入山瀬駅より徒歩30分

おすすめ
テイクアウトメニュー

● 上煎茶・剣ヶ峰90g1,000円
● 八角びん（5g×10個）650円
● ほうじ玉10ヶ入り250円

気に入ったらもちろん茶葉を買って帰れる。かわいい瓶入りティーバッグはお土産にも。変わったところでお茶の飴玉も人気

rivière

リビエール

源兵衛川の川面の向こう、突如出現するポップな ウォールアート。その建物が「riviere（リビエール）」 さんだ。グラフィックデザイナーである高塚さんが 2020 年に始めたこちらのお店は、多種多様なも のが並んでいる。紆余曲折な人生の中で見つけた 好きなものを、すべて詰め込んで集約したという。 カフェメニューでも、スペシャルティコーヒーを始め、 ずっと自家製のクラフトコーラ、辛さより香りと味を 楽しむスパイス料理、旬のフルーツを使ったコー ディアル、日々変わる焼き菓子など多彩だ。そして 主となるのは、この空間。本物のアートを身近に 感じながら好きなドリンク片手にくつろぎたかった、 という高塚さんの望みが込められている。アート作 品のほか本、雑貨、アパレル、かわいいインテリ ア小物などもあり、ひと言では言い表せない複雑 さで、訪れる人によって楽しみ方が変わるだろう。 さまざまな要素が絡まり合って化学反応を起こす、 まさにミクスチャー文化を発信するカフェだ。

1　2　3　4

コーヒー×スパイス×フルーツ×アートなミクスチャーカフェ

Tシャツ、キャップなどのオリジナルアパレルも高塚さんのデザイン。絵本から専門書まで、ノンジャンルな本は店内で読むこともできる

1_日替わりの焼き菓子はテイクアウトも可。クルミぎっしりなドフィノワ270円　2_店名を掛けたメニュー名のリビヤニ（ビリヤニ）950円はインド風炊き込みご飯、スパイシーながら辛さもなくあっさり。クラフトコーラ500円と合わせてスパイスの相乗効果を楽しむ　3_アート作品もジャンル問わず。作家さんとのコラボ企画も開催される　4_自分の好きなものに囲まれたカフェを営む高塚さん

rivière

三島市広小路町1−17
📞なし
🕐10:00〜18:00
🈲火曜、第4日曜　ほか不定休あり
🅿なし
🌐https://Realrock.jp

【テイクアウト】あり
【クレジットカード】不可
【席数】テーブル4席、カウンター6席、テラス11席
【煙草】全席禁煙
【アクセス】伊豆箱根鉄道三島広小路駅から徒歩4分、JR三島駅から徒歩12分

Take out

おすすめ
テイクアウトメニュー

● カフェラテ　580円

カフェラテやエスプレッソにもスペシャルティコーヒーを使用。テラスで川を眺めながら飲むのもまたいい

富士宮市

こびとの舎

こびとのいえ

木の香りも絶景もごちそうになる田舎カフェ

どの席からでも富士山ビュー。寒
い時期には薪ストーブで暖をとる

1_どの席からでも富士山ビュー。寒い時期には薪ストーブで暖をとる　2_「ハンバーグの和風おろし」、サラダとドリンク付き1,100円。トマトやピーマン、ゴーヤなど自家栽培野菜もいっぱい　3_なめらかな口どけの「バスクチーズケーキ」400円と自家製ハーブのハーブティー 450円　4_遠藤さんが製作した陶芸作品も展示販売している

こびとの舎（いえ）

富士宮市野中819-2
℡0544-26-3795
⏰11:00-17:00
休木・金曜
Ｐ10台
ＨＰhttps://www.facebook.com/
kobito.no.ie/?locale=hi_IN

【テイクアウト】なし
【クレジットカード】可
【席数】テーブル6席、カウンター4席、テラス約6席
【煙草】全席禁煙
【アクセス】新東名高速新富士ICより車で20分

Menu　おすすめメニュー

● 本日のランチ（サラダ・ドリンク付）　1,100円
● 日本みつばちの百貨蜜トースト　900円
● バスクチーズケーキ　400円
● コーヒー　400円

　富士宮郊外、農道を登った先にあるログハウスで、周りには店主の遠藤さんが育てる植物や作物の畑、その先には富士山がさえぎるものなく、稜線まで綺麗に見える。カフェのオープンに至ったのは、この畑で作業を続けるうち、この景色をほかの人にもお裾分けしたいと思ったからだったそう。建物に使われている丸太はすべて、山梨南部で伐採された国産ヒノキ。オープンした2021年より1年前に伐採されたもので、店内にただよう木香が心地いい。

　ランチは日替わりで2品、主にクリーム系のパスタとハンバーグやカレー、チキンのソテーといった内容。ほか、トーストやサンドイッチがあり、どれも店主が畑で栽培している野菜や果物、ハーブ類を活かしながら、自家製食材にこだわったメニューをそろえている。自然に囲まれた山小屋のような空間で、心地よい木の香りと絶景をスパイスに、おいしいランチタイムを満喫したい。

雪ノ下 近藤正文と薫

ゆきのした こんどうまさふみとかおり

名店の味を堪能! ふわもち絶品パンケーキ

外側カリッ、中はしっとりふわふわのパンケーキ「ハニー&バター」850円。オーダーから焼きあがりの目安は約25分

大阪で創業し、関西から関東までフランチャイズを展開している「雪ノ下」。その創業者である近藤正文さん・薫さん夫婦が2019年に三島へ移住、三島広小路駅から徒歩すぐの場所で店舗を構えている。創業以来、提供してきたメニューには、実は移住前から静岡県産の食材を多く使用していたそう。

雪ノ下といえばやはり、ぶあついパンケーキ。香ばしい生地とふわっとした食感のスポンジに、国産発酵バターと蜂蜜をかけて味わう。シンプルでも飽きのこない、素朴な味わいに人気は根強い。

「ハニー＆バター」のほか、菊川産ブルーベリーや静岡産紅ほっぺをコンフィチュールにして添えたものもオススメだ。「水を使わないかき氷」などの進化系かき氷も健在、さらに2023年からはアフタヌーンティーセットも始めた。どれもが親しみやすい価格を意識しているのもうれしいポイント。名店のおいしさをぜひ試してみて。

1

1・2_新しく提供を開始した「afternoon tea」。写真は二人分で2,600円。一緒にオーダーしたドリンクは200円引きになる。写真はフロランタン、ローストビーフ、スコーン、ポテトサラダなど。計8種類で内容は時期によって異なる。　3_白とブルーを基調にした爽やかな店内

雪ノ下 近藤正文と薫

三島市本町8-1 野田ビル2F
℡0559-57-4557
✉11:30-17:30（土・日曜～19:00）
休月・金曜
Ⓟなし（近隣提携立体駐車場割引券あり）
Ⓗhttp://yukinosita.life/

【テイクアウト】あり
【クレジットカード】可
【席数】テーブル25席
【煙草】全席禁煙
【アクセス】伊豆箱根鉄道三島広小路駅より徒歩3分

2

3

Take out

おすすめ
テイクアウトメニュー

スコーンもあるよ

● 焼き菓子各種

アーモンドたっぷり、厚めでサクサクとした食感のフロランタン。りんご味とプレーンがセットになったスコーンも人気。どちらも500円

伊豆市

CHAKI CHAKI

チャキチャキ

抹茶と山の緑を堪能する、川床グリーンカフェ

抹茶パフェ1,050円。抹茶ゼリー
2種、抹茶アイスと抹茶づくし。さ
らに白玉やパフで食感も楽しい

天城連峰の懐に抱かれた山あい、吉奈川の流れる谷間に建つ黒壁のシックな建物。一見すると、ここがカフェとはわからない。だが、京都の路地のようなアプローチから店内に入り、テラスへの谷の傾斜を降りていくと眼前に広がる光景に、思わず歓声をあげてしまう。清流のせせらぎ、きらきら輝く水面、柔らかな木洩れ陽。ずっと眺めていたくなる景色は、オーナーの渡邉夫妻がこのロケーションを気に入って下田から移住したというほどだ。

そんな川床でいただくのは静岡産の抹茶。合わせる甘味は、独学でお菓子作りを勉強したという明日香さんが丁寧に手作りしている。独創的な生菓子は季節に合わせた2〜3種を週替わりで用意。どれを選ぶかも楽しみだ。そしてゆっくりと一服すると目に入るのは、お茶の緑に、山の植物の緑。お茶は心を落ち着かせ、自然の中に自分を溶け込ませる。豊かさを感じられるひとときだ。

CHAKI CHAKI

伊豆市吉奈5−1
☎0558-85-0888
✉11:00〜15:30(LO15:00)
休日〜火曜
Ｐあり5台(第2駐車場15台)
⊕Chakichaki.jp
【テイクアウト】あり
【クレジットカード】ペイペイ可
【席数】テーブル26席、カウンター5席
【煙草】全席禁煙
【アクセス】吉奈温泉入口バス停から徒歩7分、伊豆中央道月ヶ瀬インターから車5分

1_抹茶を自分で点てられるお点前セット1300円。2、3杯点てられるほどの量があり、心ゆくまで抹茶を楽しめる　2_川に面した斜面を利用したテラス席はまさに川床。冬はストーブが用意されるので、四季折々の表情が楽しめる　3_現代的な建物の店内は、古い建具や欄間がアクセント。テラスとはまた違った趣きがある

Take out

おすすめ
テイクアウトメニュー

● 抹茶ラテ　650円

濃い抹茶とミルクのコントラストも映えるラテ。甘みはついていないので、シロップはお好みで。アイス追加でフロートにもできる

アリクイショクドウ

アリクイショクドウ

　鮎壺の滝のほど近く、黄瀬川にかかる牧堰橋のたもとにある。1度聞いたら忘れられない店名は、店主のひらめきで生まれたそう。開店時間は昼どきから夕方まで。食堂を名乗るこの店を訪れる人の多くが、食事メニューを楽しみにしているという。「ついいっぱい乗せちゃうんです」と店主が楽しげに話す「デリプレート」は、ていねいに作られた料理をちょっとずつ、いろんな種類を食べられて、食いしん坊にはたまらないひと品だ。

　店主とその仲間たちが1年半かけてセルフリノベした小さなお店だから、電話で席の予約をするのがおすすめだし、駐車場が小さくてミニバンみたいな大きな車は停められない。その代わり、店内の扉、建具、床、壁などすべてにストーリーがあり、温もりが感じられて居心地がよく、おなかも心も大満足な時間を過ごせるはず。

三島や沼津で採れる新鮮野菜など、地元食材を積極的に使って作る「デリプレート」1,600円

1_「季節のフルーツのタルト」770円。タルト単品では550円、イートインではフルーツとアイスクリームを添えて+220円　2_手作りの焼き菓子は日替わり。300円〜。店頭のショーケースを見て、テイクアウトしていく人も多い　3_リバービューを楽しみながら時間を過ごせる　4_扉は店主の友人渾身の作。足場板を貼った床に落ちたペンキや、塗り跡が残る壁など、あちこちに温もりが感じられる

食いしん坊の心をわしづかみ!
川沿いにある食堂

アリクイショクドウ

静岡県沼津市大岡3331-9
📞090-6462-9646
✉11:00〜15:00
困不定休　🅿4台
🔗https://www.instagram.com/ariquishokudou/

【テイクアウト】あり
【クレジットカード】不可
【席数】テーブル10席
【煙草】全席禁煙
【アクセス】JR御殿場線下土狩駅から徒歩約10分、新東名高速道路長泉沼津ICから車で約5分

Take out

おすすめ
テイクアウトメニュー

● 焼き菓子

日替わりで用意する焼き菓子は300円〜。店内で食べてもいいし、3時のおやつにテイクアウトしていくのもおすすめ。

cafe tocco

カフェ　トッコ

変化し続けるtoccoワンダーランドへようこそ

バラエティに富んだ壁のデコレーション
に、レトロな雑貨コーナーも遊び心があ
る。窓から電車が見下ろせるのも面白い

1_ふわとろ生地の焼き目に染み込んだバターの塩気がたまらないバターシフォンケーキ（アイス乗せ、ドリンクセット）1,300円。カップも楽しい驚き　2_一見ラーメンだがやっぱり違う。魚介スープに酸味が爽やかなレモンヌードル980円（ドリンク付き、ピンクレモネードは＋100円）　3_カーテンやクッション、スタンドのシェードも席ごとにひとつひとつ変えてある　4_休みの日でも模様替え作業をするほどインテリアにこだわる長倉さん。キッチンまでかわいい設え

cafe tocco

三島市広小路町3-16
📞055-913-1991
🕐日・火〜木11:00〜18:00 金・土11:00〜21:00
🈺月曜　🅿なし
🆔https://www.instagram.com/cafe_tocco/

【テイクアウト】あり
【クレジットカード】不可
【席数】テーブル14席
【煙草】全席禁煙
【アクセス】伊豆箱根鉄道三島広小路駅から徒歩30秒

おすすめ
テイクアウトメニュー

● リッチミルクソフトクリーム
480円

濃厚なミルク感に大満足、バターサブレのコーンもサクサク。街歩きしながらでも食べやすいようスプーン付き

沼津の人気店だったcafe toccoさんが、2021年に三島に移転。三島広小路駅のすぐそばとアクセスも便利になった。店主の長倉さんが自身で長屋をDIY改装した店舗は、エントランスからもうかわいい。客席のある2階に上がると、まず目に入るのはヴィクトリア調の壁とシャンデリア。そして各テーブルではそれぞれ違った椅子やファブリック。アンティークなものから、シックだったりポップだったりと、様々なものが散りばめられている。ちょっとした小物でも、ストローやコースター、バッグ入れすらこだわりを感じる。お店の雰囲気のみならず、フード類もオリジナリティがありひと味違う美味しさ。意外とボリュームがあるが、どれもぺろりと食べられてしまう。インテリアもフードも季節などで常に変化があり、いつ訪れても心躍る。独自のセンスで構築されたお店の中は、ワンダーランドに迷い込んだようだ。

海 の ス テ ー ジ

うみのステージ

海越しに富士山を一望するシーサイドカフェ

『オレ・ラン・ハンバーグ』にデ
ザートとドリンクまでセットに
なった『はらぺこセット』2,000円

1_昔ながらのクリームソーダも各種あり。写真は「ブルーハワイのクリームソーダ」650円 2_スカンジナビア号の模型や資料を展示している店内。船内にあった家具も使用しているそう 3_開店から6年後、スカンジナビア号が和歌山県沖で沈没。船の記憶を留めたいという思いから店内に資料室を設けた。制服や航海日誌など貴重な遺産が残る

海のステージ

沼津市西浦木負768-9
☎055-946-2801
🕐10:00～17:00(夏季のみ～17:30)
休木曜
P25台
Ⓗhttps://umisute.wixsite.com/umisute

【テイクアウト】なし(ジャムのみ可)
【クレジットカード】不可
【席数】テーブル15席、テラス10席
【煙草】全席禁煙
【アクセス】新東名高速長泉沼津ICより車で30分

Take out

おすすめ
テイクアウトメニュー

● 寿太郎みかんのジャム
青島みかんよりも糖度が高く、甘みと酸味のバランスが良い「西浦みかん寿太郎」を皮ごとジャムに。パンやヨーグルトなどに。480円

地域自慢の味わい

海上ホテル兼レストランとして世界をめぐり、市民に親しまれた豪華客船「スカンジナビア号」の資料展示室を併設。船が2005年まで係留していた沼津市西浦の海辺にあり、湾越しに富士山をあおぐロケーションも魅力だ。近頃は沼津市を舞台とする人気アニメ「ラブ・ライブ!サンシャイン!!」に関連する各種コンテンツにも登場しており、ファンの巡礼地にもなっている。

2000年のオープン以来、メニューはほとんどかわらず、手づくりのカレーやスパゲッティなど親しみやすい喫茶グルメをラインナップ。常連客の要望に応じてハンバーグとピラフ、サラダをワンプレートにした「オレ・ラン・ハンバーグ」が看板メニューとして定着している。デザートもこの地域の特産「寿太郎みかん」を活かしたヨーグルト、大瀬崎の天草を使用したところてんスイーツまでいろいろ。豪華客船が停泊していた場所からほど近いテラス席で、潮風を感じながら味わいたい。

立ち寄りたいベーカリー

駿東郡長泉町

Boulangerie Ca depend

ブーランジェリー　サ　デポン

自家製酵母の香り豊かな、食事に合わせたいパン

古民家の引き戸を開けると、香ばしい香りが鼻をくすぐる。棚いっぱいのパンは、定番のバゲット300円などハード系を始め食パン、惣菜系、おやつ系もあり20種ほどが所狭しと並ぶ。店主の若崎さんはフランスでパン作りを学び、シンプルなパンの美味しさに開眼。味がよくわかるハード系のパンをメインに作るようになったという。旬の果物などで起こした自家製天然酵母を使い、吟味した素材で添加物を使わず丁寧に作られているパンは安心して食卓に乗せられる。食事とともに、ゆっくりじっくり味わいたい。また、お店が開いていない時も買えるようにと、自動販売機も設置。冷凍なのでいつでも好きな時にどうぞ。

駿東郡長泉町下土狩201-2
☎050-1221-2257　✉10:00〜17:00
㊡日・月・第3火曜　Ｐあり2台

ikor e-Bake

イコロ　イーベイク

旬の果物で心もほころぶ、丁寧な焼き菓子

現在は週1日の焼き菓子店として営業している「ikor」さん。店主・矢島さんはできるだけ地元の旬の果物を使い、生のままスポンジに挟んだりタルトに焼き込んだり、素材と向き合って丁寧に作っている。営業日ごとに変わるお菓子は、マフィン（370円〜）などの素朴系から、ヴィクトリアケーキ（615円〜）といった珍しいものなど15種ほど。品により甘さは強め控えめがあるが、添加物は使わずグルテンフリーやヴィーガン対応もあり、身体にもやさしい。「食べる人に笑顔になってほしい」との想いが伝わるからか、なぜか気持ちがゆるみ買い物ついでに話をしていく人も多い。温かさを感じるお店だ。

沼津市下香貫藤井原1671-5
☎090-3447-9619　⌚11:00〜16:00
休日〜金曜　🅿あり（5台）

駿東郡小山町

茅沼ベーカリー
カヤヌマベーカリー

知る人ぞ知るパンの名店

　茅沼ベーカリーは、小山町にある小さなパン屋さん。知る人ぞ知るパンの名店だ。2〜3人も入ればいっぱいになる店内には、1日に30種ほどの焼きたてパンが並ぶ。食パンやクロワッサン、パン・ド・ミ。レジ横にあるショーケースや冷蔵庫に目を向ければ、サンドイッチや季節のフルーツがたっぷり乗ったデニッシュがある。どのパンも佇まいがよくて、気付けば選んだパンでトレイが満席になっていることだろう。

　訪れたときに運よく巡り会えたら、パン・オ・ルヴァンをぜひ。自家製のルヴァン種で生地をじっくりと醸して焼き上げる。焼き具合も絶妙で、しっかりとした歯ごたえと味わいがある。

駿東郡小山町菅沼904-1
☎0550-88-8670
✉10:00〜18:00、土曜〜17:00
休日・月・火曜　P3台

駿東郡長泉町

27LAYERS
トゥエンティセブンレイヤーズ

本場さながらのボリュームあるクロワッサン専門店

「27層」という意味を持つ、クロワッサン専門店。その名の通り、生地の層が幾重にも重なるクロワッサンは、断面を見るとよくわかる。空気を含みつつもみっしりと詰まっていて、大きさもあえて日本人向けのサイズにはしていないので、とても食べ応えがある。バターの風味豊かな生地は、素材もフランス産の小麦など本場の味に近づける努力をしていて、外はパリッと中はふんわり。奥の工房で1日数回に分けて焼き上げるので、タイミングによってはほんのり温かいことも。カウンターで注文して受け渡しするスタイルだが、もちろん1個から購入可能。通常のプレーンの他にも、季節で変わるフレーバーや、変わったところでは明太子もあり、食事にもぴったりだ。

駿東郡長泉町本宿212-13
☎055-941-9603　✉10:00〜18:00
休日・月曜　🅿あり5台(隣接店と共用)

御殿場市

御殿場ベーカリー Biquette

ゴテンバベーカリー ビケット

ザクッと香ばしい!素材と製法にこだわったパン

店内に足を踏み入れると、こんがりといい色のパンが並ぶ。北海道産を中心に国産小麦と富士山のおいしい水を使って生地を仕込む。素材は限りなくいいものを選ぶ。特に地元の食材は積極的に使うよう心がける。

仕込んだ生地を富士山の溶岩釜で焼き上げる。遠赤外線効果で芯まで早く熱が伝わるため、外はサクッと、中はしっとり。ひと口目のザクッとした食感が楽しく、噛むほど小麦の香ばしさが口いっぱいに広がる。特に、何層にも生地を重ねるクロワッサンとデニッシュは、サクサクの食感と豊潤なバターの香りが素晴らしいので、ぜひ味わってみてほしい。

御殿場市東田中2-8-10
☎0550-73-0150　🕘9:00〜18:00
休日曜　🅿4台

Grandir
グランディール

パンも買える!シフォンケーキで知られるパティスリー

　店内には色とりどりのケーキや焼き菓子が並ぶ。こちらはシフォンケーキが人気のパティスリーだが、お客のリクエストで7年ほど前からパンの販売を始めた。最初はフランスパンから始まり、現在では食パン、ノアレザン、つぶあんパンなど7〜8種類が店頭に並ぶ。イチオシはシナモンロール。シナモン好きのオーナーパティシエが作るから、シナモンたっぷり。味も香りもとても鮮やかで、クセになる味わいだ。

　季節のフレーバーを含め、店頭に5種類並ぶシフォンケーキは、注文を受けてからカットするライブ感が楽しい。パンもシフォンも1度に買える幸せを味わいに、ぜひ足を運んでほしい。

御殿場市ぐみ沢155-12
☎0550-89-7891　✉10:00〜19:30
休水曜、第1・3木曜　P6台

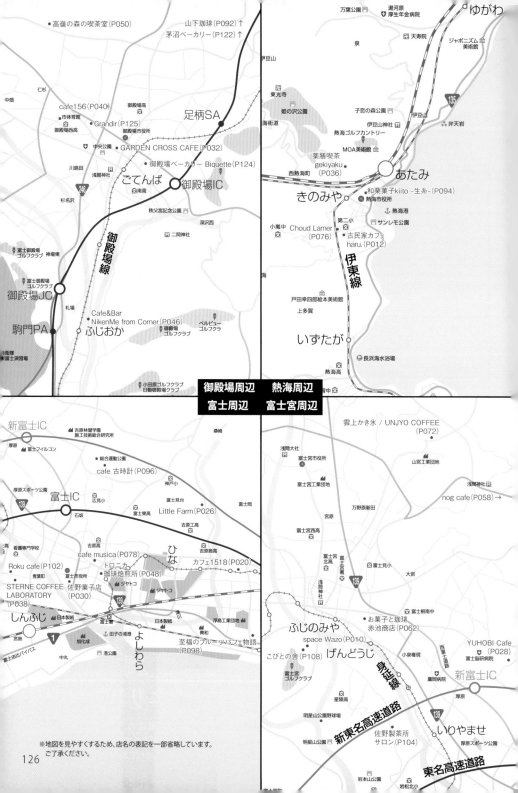

御殿場周辺　熱海周辺
富士周辺　富士宮周辺

御殿場周辺

- 高嶺の森の喫茶室 (P050)
- 山下珈琲 (P092) ↑
- 茅沼ベーカリー (P122) ↑
- cafe156 (P040)
- Grandir (P125)
- GARDEN CROSS CAFE (P032)
- 御殿場ベーカリー Biquette (P124)
- 足柄SA
- ごてんば
- 御殿場IC
- 御殿場線
- 御殿場JC
- 駒門PA
- ふじおか
- Cafe&Bar NikenMe from Corner (P046)
- ベルビューゴルフクラ
- 246
- 秩父宮記念公園
- 二岡神社
- 富士御殿場ゴルフクラブ 神場東
- 富士御殿場ゴルフクラブ
- 小田原ゴルフクラブ 自動御殿場クラブ
- 陸上自衛隊 東富士演習場
- 中央公園
- 市体育館
- 浅間神社
- 南高
- 御殿場高
- 御殿場市役所
- 御殿場西高
- 川島田
- 杉名沢
- 中畑
- 仁杉
- 深沢西
- 札場

熱海周辺

- 万葉公園
- 湯河原厚生年金病院
- ゆがわ
- 天光院
- 泉
- ジャポニズム美術館
- 伊豆山
- 135
- 東光寺
- 姫の沢公園
- 伊豆山
- 子恋の森公園
- 弁天岩
- 海街道
- 伊豆山神社
- 熱海ゴルフカントリー
- MOA美術館
- 薬膳喫茶 gekiyaku (P036)
- あたみ
- 西熱海町
- きのみや
- 和栗菓子kiito -生糸- (P094)
- 熱海市役所
- 熱海港
- 小嵐中
- Choud Lamer (P076)
- 第二小
- サンレモ公園
- 古民家カフェ haru. (P012)
- 伊東線
- 戸田幸四郎絵本美術館
- 上多賀
- いずたが
- 長浜海水浴場
- 熱海高

富士周辺

- 新富士IC
- 吉原林間学園 施工技術総合研究所
- 桑崎
- 厚原
- 富士フイルコン
- 総合運動公園
- cafe 古時計 (P096)
- 神戸小
- 富士IC
- 139
- 広見小
- 石坂
- 富士東高
- 富士見台
- Little Farm (P026)
- 富士岡
- 看護専門学校
- 吉原高
- 吉原工高
- 青葉町
- cafe musica (P078)
- ひな
- 吉原商高
- Roku cafe (P102)
- トロニカ
- カフェ1518 (P020)
- STERNE COFFEE LABORATORY (P030)
- 佐野菓子店
- 珈琲焙煎所 (P048)
- ジャヤコ
- 139
- ジャヤコ
- しんふじ
- 日本製紙
- 富士
- 日本製紙
- 興和
- 浮島工業団地
- 宮島
- 1
- 田子の浦港
- 旭化成
- よしわら
- 港公園
- 至福のフルーツパフェ物語 (P098)
- 富士由比バイパス
- 中丸

富士宮周辺

- 雲上かき氷 / UNJYO COFFEE (P072)
- 浅間大社
- 山宮工業団地
- 富士宮市役所
- 浅間神社
- 富士工業団地
- nog cafe (P058) →
- 富士宮工業団地
- 万野原新田
- 富士宮西高
- 宮町
- 富士見小
- 大岩
- 富士宮北高
- 富士見高
- 富士根南中
- 139
- 浅間神社
- お菓子と珈琲 赤池商店 (P062)
- 富士根南中
- YUHOBI Cafe (P028)
- 西富士道路
- 富士脳研病院
- ふじのみや
- space Wazo (P010)
- こびとの舎 (P108)
- げんどうじ
- 小泉権現
- 廣樹病院
- 身延線
- 新富士IC
- 厚原
- 富士宮ゴルフクラブ
- 星陵高
- 佐野製茶所 サロン (P104)
- 新東名高速道路
- 139
- いりやませ
- 明星山公園野球場
- 厚原スポーツ公園
- 明星山公園
- 東名高速道路
- 岩本山公園
- 岩松北小

126

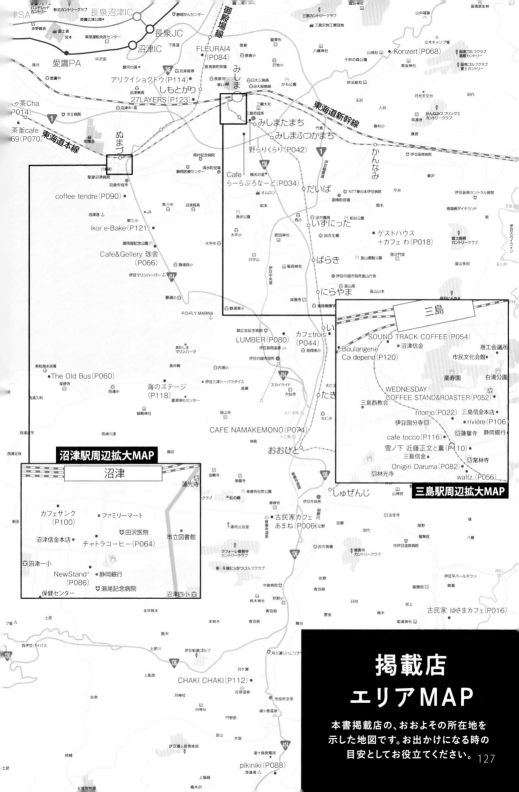

掲載店 エリアMAP

本書掲載店の、おおよその所在地を示した地図です。お出かけになる時の目安としてお役立てください。